Hof
lmbach
Fichtelgebirge
ayreuth
Oberpfälzer Wald
Weiden
Naab
Schwandorf
Waldmünchen
18
19
17
Regen
Großer Arber
1456
Bayerischer Wald
Regensburg
Viechtach
Kehlheim
Straubing
16
Deggendorf
Freyung
golstadt
Hallertau
Landau
Vilshofen
Donau
Isar
15
Passau
Landshut
Eggenfelden
Rott
Freising
Isar
14
Inn
Erding
Mühldorf
13
Marktl
achau
Haag
12
Alz
Inn
München
Burghausen
Salzach
erg
Rosenheim
lzkirchen
10
Chiem-
see
Prien
Salzburg
Bad
Reichenhall
gernsee
1838
11
9
Wendelstein
Berchtesgaden
2713
Kufstein
Watzmann

Fritz Fenzl

Magische Wege
und Orte in Bayern

Fritz Fenzl

Magische Wege und Orte in Bayern

nymphenburger

Mehr Informationen zu Fritz Fenzl unter
www.magische-kraftorte.de
und zum Verlag unter www.nymphenburger-verlag.de

Schutzumschlag: Wolfgang Heinzel
Schutzumschlagmotiv: Gregor M. Schmid, Gilching
Satz: Ina Hesse
Gesetzt aus 10,8/14,8 Sabon
Druck und Binden: GGP Media GmbH, Pößneck
Printed in Germany
ISBN 978-3-485-01125-9

Inhalt

Wege und Orte der Veränderung

Es gibt viel zu entdecken für denjenigen, der bereit ist, sich zu öffnen und die Wunder der Schöpfung wahrzunehmen.
Seit vielen Jahren beschäftige ich mich nun mit Kraftorten und vor allem auch mit den Verbindungslinien zwischen diesen Orten. Die Erde ist überzogen von einem Gitternetz der Kraftlinien, die von unseren Urahnen oft sehr bewusst genutzt wurden und die heute eine Art Renaissance erleben. Es sind oft uralte Energielinien, Drachenpfade, Leylines und wer auf ihnen wandelt, sich öffnet für die dort herrschende Energie, der wird eine Veränderung erfahren.
Es gibt berühmte Pilgerwege wie den Jakobsweg, deren Wirkung für viele Menschen spürbar ist. Doch wir müssen nicht bis nach Spanien pilgern, um solche Erfahrungen zu machen. Es gibt solche alten Kraftlinien auch direkt vor unserer

Haustür. Und je mehr magische Orte Sie kennenlernen, desto mehr wird offenbar: Es ist auch die Verbindung zwischen diesen Orten, die etwas in und mit Ihnen bewirkt.

Auf vielen meiner Führungen zu Kraftorten konnte ich immer wieder erleben, dass selbst skeptische Teilnehmer, die vielleicht nur ihrem Partner zuliebe mitgekommen waren, sich verändert haben und oft selbst erstaunt waren, dass man tatsächlich etwas spürt. Es ist ein Sich-Hineinfinden, Sich-Hineinklingen in die Schwingungen eines Ortes, in verborgene Kräfte. Es wirkt!

Der Ort nimmt einen mit, allerdings nur dann, wenn Sie sich wirklich einlassen. Das bewusste Hingehen (das Pilgern) ist ein Muss. Wenn Sie sich mit Kraftorten beschäftigt haben, dann wissen Sie: Erst das Da-Sein an den entscheidenden magischen Stellen, den Kraftzentralen uralten Wissens, öffnet die entscheidende Kanälen.

Dann werden Dinge möglich, die jenseits unseres Verstandes liegen. Vielleicht sind es nur kleine Gedankenblitze einer tiefen Erkenntnis, die unserem Leben eine andere Richtung geben können; vielleicht sind es plötzliche Antworten auf Fragen, die wir schon lange mit uns tragen; vielleicht sind es Erlebnisse, die jenseits unserer Worte liegen, eine neue Art zu schauen und die Realität zu erleben; vielleicht erfahren wir jedoch auch etwas Größeres, die Gnade von Heilung, die Gnade eines Wunders.

Die Kraft magischer Wege ist zumeist urweiblich, erdverbunden.

Wer sich bewusst auf magischen Wegen bewegt, dessen Leben, dessen Gesundheit (geistig, seelisch und körperlich), dessen Denken und weiteres Tun und Schaffen im Leben wandelt sich hin zum Besseren.

Alles, was Sie nun im Folgenden zu lesen und zu begehen finden, ist weitaus mehr als Kunst- und Ortsgeschichte; dies war nie mein Anspruch. Es ist vielmehr altes keltisches Ahnenwissen, Okkultismus, kosmische, schöpferische Energie, Lust am Verborgenen ... Es ist persönliche Veränderung. Ich möchte Ihnen uralte Kraftlinien mit ihren Kraftplätzen vorstellen, die etwas in Ihnen bewirken. Und selbst wenn Sie glauben, die Orte bereits zu kennen, lohnt es sich, noch einmal hinzufahren und sie ganz neu und anders zu erleben. Das Neue, das Verborgene gerade dort zu entdecken, wo man schon so oft hingeschaut hat, ist immer wieder eine faszinierende Erfahrung.

Der Kraftortgänger schärft mit der Zeit seine Wahrnehmung und erkennt selbst immer mehr die verbindenden Drachenlinien, jene geheimnisvollen Kraftflüsse, zwischen allen magischen Orten. Dabei spielt das Dreieck als geometrische Grundform eine wichtige Rolle, die uns in diesem Buch auch immer wieder begegnen wird. »Der erste Schritt für die Erstellung des Dreiecksnetzes bestand darin, im ganzen Land markante Punkte festzulegen und ihre Lage im Gradnetz der Erde zu bestimmen. Jeder dieser Punkte – in der Regel Bergspitzen und Türme – musste Sichtverbindung zu den nächstliegenden haben. Sie lagen zum Teil sehr weit auseinander, manchmal bis zu achtzig Kilometer. Die Verbindungslinien dieser Punkte bilden Dreiecke. Man spricht deshalb von einem Dreiecksnetz, das das ganze Land überspannt.« (Aus: Max Seeberger: Wie Bayern vermessen wurde. Hefte zur Bayerischen Geschichte und Kultur, Band 26)
Auch die Wissenschaft kennt also die Magie des Weges, der Linie. Seien Sie offen, für das, was sich Ihnen zeigt. Sehen Sie mit neuen Augen, staunend wie ein Kind. Das Auge begreift schneller als das Ohr. Ein Bild sagt mehr als tausend Worte.

Am Anfang war das Wort? Im christlichen Sinne, ja. Doch etwas war vorher da: das Schauen. Das Auge, das Auge Gottes. Das Auge ist das ältere Symbol – symbolhaft als Dreieck dargestellt! Symbole wirken, das Ahnengedächtnis öffnet sich.

Jedes Symbol wirkt auf Ihre Tiefenschicht, auch dann (oder dann umso mehr), wenn Sie weder das Symbol erkennen noch um seine Wirkung oder auch Gefährlichkeit wissen.

Deshalb ist eine ganz wichtige Regel für das Begehen alter Kraftlinien, wachsam zu sein und hinzuspüren, wie es einem selbst geht, ob der Weg heilsam wirkt oder nicht. Jeder ist anders, bringt andere Geschichten mit und erst die ehrliche Auseinandersetzung bewirkt auch wirkliche Veränderung. Seien Sie deshalb auch so frei zu sagen: Dieser Weg tut mir nicht gut, ich gehe lieber woandershin, wenn Sie das in sich spüren.

Ich habe für dieses Buch natürlich keine negativen Kraftlinien gewählt, sondern Wege positiver Transformation, dennoch walten gerade an alten Kultplätzen viele Energien und es ist gerade hier entscheidend, gut für sich selbst zu sorgen.

So sind wir beispielsweise vom sogenannten Heidnischen, das übrigens viel mehr der Tiefe

unserer Gruppenseele entspricht, von dieser Ursprache einer faszinierenden und nach oben dringenden keltisch-germanischen Vergangenheit weit mehr geprägt, wesentlich stärker vorherbestimmt, als wir uns dies als gläubige Christen manchmal träumen lassen.
Diese Ahnensprache bewusst zu erfahren, sich einzuloggen in das Ahnengedächtnis, neue Erkenntnisse zu erlangen und durch das bewusste Begehen solcher Wege Veränderung zu erfahren ist eine wunderbare Möglichkeit, die uns das Leben bietet. Ein Versuch ist es allemal wert, zumal die vorgeschlagenen Kraftwege auch durch wunderschöne Landschaften verlaufen.
Jeder Weg kann zu einem magischen Weg werden. Nicht nur jeder Weg: alles! Es kommt nur darauf an, was Sie tun und wie Sie es tun. Und dieses so entscheidende Wie ist die Bewusstheit. Handeln, schreiten Sie sehr bewusst. Die hier ausgesuchten Wege machen es Ihnen leicht, denn die dort waltende Energie ist stark. Natürlich schadet es nicht, wenn Sie nur spazieren gehen und das vorliegende Buch als Wandertipp benutzen. Besser ist es jedoch, Sie entscheiden bewusst, was Sie heute vorhaben, und sind sich auf dem Weg Meter für Meter bewusst, dass der äußere

magische Weg, den Sie entlangschreiten, Ihr (!) persönlicher Weg ist. Der innere Weg. Der Weg ins Selbst.
Seien Sie selbst kreativ. Die Ideen kommen auf dem Weg. Sie denken anders, Sie sehen die Welt hinter der Welt. Seien Sie offen, lassen Sie sich führen, lassen Sie sich den Weg zeigen.

1
Wigratzbad

Im Heiligen das Eigene finden

Heilige Stätten zeichnen sich meist dadurch aus, dass dort Wunder passiert sind. Ob Sie nun an solche glauben oder nicht, spielt zunächst keine große Rolle. Wichtig ist, dass Sie sich auch auf solche Orte einlassen, hinfahren, die Energie vor Ort spüren und den heiligen Platz zu Ihrem persönlichen Erlebnis werden lassen.

Marienerscheinungen gleichen sich auf der ganzen Welt: Maria wird sichtbar, leuchtet und gibt knappe, sachliche Anweisungen, z. B. »baut mir eine Kapelle«. Erfreulich hintersinnig ist in diesem Zusammenhang die Marienerscheinung hier in Wigratzbad zu nennen: Wie immer ein einfaches Mädchen, Antonie Rädler, das sich weigert, das Bild der dreimal wunderbaren Mutter durch ein Hitler-Bild zu ersetzen. Als Folge natürlich Terror, Verfolgung, schließlich Rettung, Dank: die heutige Lourdes-Grotte ...

Aber sind die zahlreichen Geschichten, Legenden, Dokumentationen wichtig für jene unzähligen Besucher, oftmals Tausende täglich? Die Verehrung Mariens bedeutet eines der wesentlichen christlichen Daseinsverständnisse!
Unser heutiger magischer Weg führt uns also durch dieses Wunderareal: zu einer Lourdes-Grotte, Pater-Pio-Klause, der Sühnekirche und Gnadenkapelle – doch vor allem zu einer außergewöhnlichen Marienfigur, einer »Frau umgeben von der Sonne«, die das tiefe Vertrauen auf Beistand nährt. Der ganze energetisch hochwirksame Platz will die Menschen von Hoffnungslosigkeit und Zukunftsängsten befreien und zu einem echten tiefen Vertrauen in die »Barmherzigkeit Gottes« führen, zur »heilenden Begegnung mit Christus«.
Wer die A96 immer nach Westen fährt, über Memmingen und Wangen im Allgäu, kommt nach Wigratzbad. Mein Vormittag dort begann mit einer feierlichen, erhaben zelebrierten heiligen Messe in der Hauskapelle nach lateinischem Ritus: Mundkommunion und wunderbarer Engelsgesang, himmelsgetragener Klangteppich mystisch blau gekleideter Nonnen, die ihr Leben der Jungfrau Maria verschrieben haben.

Beim Rundgang durch das weitläufige heilige Areal, das mit der Anbetung der »Unbefleckt empfangenden Mutter vom Heiligen Sieg« zurückgeht, muss man trennen zwischen ursprünglicher, wahrhaft echt gelebter Glaubenshingabe – und dem, was aus einem Ort wird, der jährlich fünfhunderttausend Pilger in sich aufnimmt und transformiert.

Dennoch ist der Rundgang hier von vielen magischen Stätten und Spuren eigenartiger Rituale gesäumt und man kann wirklich von einer magischen Route sprechen.

Die Haupthalle des Gebetes fällt durch eine das Ortspanorama bestimmende, im Grundriss wabenformig verspielte, herrlich unbayerische pyramidenartige Aluminium-Glasbaukonstruktion auf. Im Inneren spürt der Feinfühlige erstaunlicherweise nichts – außer dem Bedürfnis, bald wieder ins Freie zu treten.

Es empfiehlt sich, möglichst bald zur ursprünglichen Kapelle zu gehen, in der das »Dein Wille geschehe« Mariens deutlich spürbar waltet.

Vorbei kommen Sie dabei an der Pater-Pio-Klause. Hier steht eine lebensgroße Figur des stigmatisierten Charismatikers, der die Bilokation beherrschte, d.h., er konnte an mehreren Orten gleichzeitig sein. Hier in der einfachen Kapelle ist es nicht nur angenehm kerzenwarm, es umfängt den Ankommenden wohltuende Gottesnähe, die als Wärme des Herzens spürbar nachwirkt.

Gehen Sie dann weiter zur Lourdes-Grotte, die im Jahre 1936 erbaut wurde. Hier in einer runden Apsis erkennen Sie bald, dass der Weg ins westliche Allgäu mehr als gelohnt hat: Erdende Energien – deshalb steht Maria so oft in einer Grotte oder Höhle – eine positive, weibliche, mütterliche und bergende Grundstimmung umfängt Sie wohltuend. Erst später entstand gleich in der Nähe die Kapelle »Unserer Lieben Frau vom Sieg«.

Die Lourdes-Grotte, selbst in einem auffallend schlichten Bauwerk zu finden, so ganz ohne jeden Schnörkel oder architektonischen Gag, bietet Kraft pur: Kraft des Glaubens.

Sie sind angekommen und stehen am magischen Punkt. Und es ist ein Punkt der Sammlung, Besinnung. Trotz der Touristenströme sind Sie hier zumeist ungestört.

Genau betrachtet, ist der Glaube, da er Realitäten schafft, selbst Realität. Glaube ist nicht das Gegenteil von Wissen; Glaube schafft Wissen.

Passende Übung:
Das »Dein Wille geschehe« ist der zentrale Punkt marianischen Denkens. Ich forme die Hände zur Schale und lasse wollend zu, lasse den Willen der höheren Macht willig in mich hineinfließen.

Welche neue Sichtweise lasse ich zu?
Ich mache mich über die deutlich sichtbare Geschäftemacherei hier am Ort weder lustig noch erhebe ich mich. Meine eigenen Gedanken an Maria sind es, die wichtig bleiben. Ich bin in einer Höhle, bin aufgehoben.

Ausgangspunkt: In der Nähe des alles beherrschenden Pyramidenbaues, der neuen Gebetshalle. Das spitze Glasdach ist unübersehbar.
Länge: Unwesentlich. Ein Spaziergang über weite Felder südlich des Ortes ist zu empfehlen.
Anstieg: Keiner.
Einkehr: Gaststätte »Fliegender Bauer«, direkt an der Autobahn nach Lindau, Ausfahrt Wigratzbad. Oder Gaststätte »Zum Goldenen Löwen« im nahen Opfenbach. Nicht zu vergessen: die Käserei in Wigratzbad.
Anfahrt: Wigratzbad liegt an der B 32, zwölf Kilometer nordöstlich von Lindau: A 96 München-Lindau über Buchloe, Mindelheim; Ausfahrten Wangen-West oder -Nord (in Wangen Richtung Oberstdorf); oder über die B 12 bzw. 32, Abzweigung in Hergatz, 400 Meter Fußweg.

2
Rottenbuch

Ein Ort, um Wünsche zu senden

Allein schon die Anfahrt: Ab Peißenberg fühlen wir uns der geheimnisvollen Kraft ausgesetzt und die mit zunehmendem Anstieg sich windende Straße nach Rottenbuch verdient auf dem Streckenabschnitt zu Recht die Bezeichnung »Schlangenlinie«. Vordergründig spürt der erwartungsfrohe Pilger dies als prickelnde Neugierde: Was da wohl kommen mag?

Irgendwann öffnet sich uns ein Bild wie aus einem Traum: auf der gegenüberliegenden Seite der Ammerschlucht und in gralsgerechter Erhabenheit der Hohenpeißenberg mit der stets in weißem Licht erstrahlenden Pilgerkirche. Egal wie das Wetter auch sein mag, hierhin trifft immer ein Sonnenstrahl. Bald schon nähern wir uns Rottenbuch. Alles ist wie ein Gegenpol zu der abstrahlenden Energie des Hohenpeißenbergs mit aufnehmender, erdender Empfängerenergie.

Der Kraftortpilger sollte sich solcher Tatsachen stets bewusst sein, um die beabsichtigte Wirkung ganz erfahren zu können.
Parken Sie in Nähe des Prälatenhofes und gehen Sie die wenigen Meter zu Fuß auf das Hauptportal der Pfarrkirche Mariä Geburt zu, jene von zwei Säulen in Tempelmanier flankierte Pforte, die zur Rechten von dem frei stehenden Turm mit romanischem Sockel dominiert wird. Der Turm ist siebenundsechzig Meter hoch – Quersumme dreizehn. Das obere Zifferblatt an der Südseite zeigt nur die Stunden, das darunterliegende nur die Minuten an. Hier laufen also Zeiteinheiten getrennt voneinander ab.
Stellen Sie sich in die Rundbogennische des mit grobem altem Holz verschlossenen Turmtores und spüren Sie die ganze Kraft der aufnehmenden Energie von Rottenbuch. Das verwitterte, verschlagähnliche Balkenwerk der ursprünglichen Turmtüre reicht nur bis Augenhöhe; darüber hinweg können Sie, falls Sie die nötige Größe haben, in das dunkle Innere des Turmes hineinsehen.
Aus feuchtkühlem Dunkel kriecht das, was ich »aktive Leere« nenne: Jenes so eigenartig belebte Nichts, in dem sich unzählige, zumeist undefi-

nierbare und vor allem unerlöste Wesenheiten tummeln. Rilke spricht in einer wunderbaren Zeile von dem Phänomen, dass vom Kirchturm »schwere Stunden brechen«. Hier ist so ein Zeit(en)loch.

Staunen Sie hier an diesem magischen Ort, spüren Sie, aber bleiben Sie nicht zu lange da stehen: Die Geistwesen warten nur auf einen Besuch.

Besser wird die Kraft des Ortes zwischen den beiden Tempelsäulen des Kirchen-Haupteinganges. Sie fühlen hebende Energie, der jedoch stets auch eine gewisse Gefahr und Unsicherheit innewohnt. Hier ist es wie an vielen anderen Kraftplätzen auch: Der eigentlich magische Ort befindet sich außerhalb des geweihten Sakralraumes, nämlich vor dem Portal und der zeitscheidenden Turmnische.

Alte Kirchenlexika betonen auffallend die Abhebung der Kirche vom »Profanen«, wobei »fanum« (lat.) für Tempel, Heiligtum, steht. Das Pro-fane ist demnach der Orts- und Lebensbereich, der vor (!) dem »fanum« liegt, mit diesem oft gar wenig gemein hat. Daher die Abgrenzung, die Umzäunung der heiligen Haine, etwa der Kelten und Germanen, oder der Kirchen durch Mauern, der Tempel durch Vorhöfe.

Das immer wiederkehrende Erleben, dass nämlich im Vorraum so vieler Gotteshäuser die stärkste Kraft des gesamten Anlage herrscht, wird Sie hier vielleicht in besonderer Weise überraschen. Denn nach dem Durchschreiten des Eingangstores finden Sie sich in einer kreisrunden, sämtliche Sinne zentrierenden Vorhalle des Tempels wieder; rechts eine Ölberg-Szene und links das Vesperbild vom Pestfriedhof, also die leidende Gottesmutter: beide Motive geben Hinweis auf einen extrem abladenden Platz.
Stellen Sie sich in die Mitte des Raumes und Sie spüren, wie alles nach unten zieht. Hier können Sie Sorgen und negative Gedankenformen abladen, dalassen: buchstäblich zur Hölle schicken.
Nochmals zwei Stufen tiefer, durch ein schweres Holztor, gelangen Sie in die Kirche selbst. Der eigentliche Kirchenraum ist kunstgeschichtlich hochinteressant, doch bedeutet er für mich zu viel Ablenkung vom Wesentlichen. Sogar der offizielle Führer spielt darauf an: »Der erste Eindruck ist überwältigend, für viele Besucher sogar verwirrend, denn das Auge ist nicht imstande, die Fülle von Formen und Farben, von Altären und Bildern aufzunehmen, zu unterscheiden und zu ordnen …«

Für Kenner magischer Orte sind romanische, gotische Räume oder die schlichte Einfachheit der runden Vorhalle Rottenbuchs allemal interessanter. Denn der Raum des Sakralen, des Erhobenen sollte die Gegebenheiten des Kraftortes meisterhaft spirituell überhöhen. (Wer hätte das besser beherrschen können als die Bauhütten-Meister der Gotik, die sogar noch mit der Macht und Geometrie des Himmels eins waren).
Hier in Rottenbuch fällt die aufladende Kraft der Mittelachse auf – wahrscheinlich ein geomantisch gut genutztes Relikt aus alter Zeit, das weder Barock noch Christentum, noch Liturgiereform zerstören konnten. Mittelachsen in solch alt und wissend gestalteten Tempeln sind immer magische Wege.
Verweilen Sie unter der Orgelempore, lassen Sie den Raum tun, was er mit Ihnen vorhat, wohlgemerkt den Raum, nicht die Engerl-Ausstattung.
Dann, Schritt für Schritt, nach vorn ... Achten Sie auf die Kanzel links und stellen Sie sich so, dass der Schalltrichter einer langen Engelsposaume genau auf Ihr Gesicht und damit Ihren Geist zeigt. O wunderbare Geheimsprache der Ikonografie.

Fällt Ihnen rechts eine Figur mit gekreuzten Unterarmen auf? Links das Pendant mit verschränkten Händen: eine mentale Sperre quert die Längsachse, die Sie mutig durchschreiten.
Vor den fünf Altarstufen fühlen Sie sich geborgen, scheinen jedoch auch, wie fast überall im Gotteshaus, im Boden zu versinken.
Bei einem Besuch in Rottenbuch bei strömendem Regen und heraufdräuender Abendstimmung eröffnete mir der zufällig (?) anwesende Mesner ein Geheimnis. Das kam so: Ich fragte ihn nach den auffällig weißen drei Frauen, die über dem Hauptaltar sitzen. Und wollte hören, dass dies die »Dreifache weibliche Gottheit« sei. »Nein«, erwiderte er, dies hier seien Glaube, Liebe, Hoffnung. Dann schaltete er extra die Altarlichter ein und wir sahen in der Mitte die »drei Beten«: Katharina hält ein zerbrochenes Rad, Margarethe hat den Wurm (einen recht niedlichen Drachen) bei sich und in der Mitte ist Barbara, die statt des Turmes ein Schwert hält. Es handelte sich eindeutig um die »drei heiligen Madln«, drei christliche Nothelferinnen, die eigentlich keltisch-druidische, urheidnische Seherinnen, also Magierinnen, sind.
Nun gingen wir auf die andere, die rechte Seite

der Kirche. In der vorderen rechten Altarnische überlebensgroß: Katharina mit dem Rad.

Um Rottenbuch mit der mächtigen Erdenergie vollends zu begreifen, ist ein Kraftort-Wandern in der Umgegend unerlässlich. Ein besonders geeigneter Ort ist »Frauenbrünnerl«, ein achteckiges Kirchlein aus dem Jahre 1688, auf halber Höhe zwischen Ammer und Kloster. Das Achteck (Oktagon) ist immer magisch. Schon der Name Frauenbrünnerl, weiblich plus Quelle, wirkt wie eine Formel des Erdgebundenen, des Gebenden, Aufnehmenden, Bewahrenden, aber ebenso Lebenspendenden.
In der achteckigen Kapelle finden offensichtlich Rituale statt, weiß gewandete Frauen sollen es sein. Und der Bänderschmuck ist in den Farben der drei Beten: Schwarz, Weiß und Rot.

Ein anderer magischer Weg führt vom Kirchenportal aus genau südlich durch den Torbogen. Dann queren Sie den uralten Maierhof in der Passage und finden ein magisches Zeichen: ein Doppeldreieck mit Längsachse in einem freigelegten Fresko. Nach der Passage queren Sie eine Hauptstraße, am sichersten durch die Unterfüh-

rung, bewegen sich in südlicher Richtung, das magische Zeichen des Wunderweges im Gedächtnis, wandern eine besiedelte Anhöhe hoch. Dann bald, auf freien Feldern, kommt die entscheidende Wegkreuzung mit den Wegweisern nach Schneuzenberg und zum Pestfriedhof Mühlegg. Nun stehen Sie auf dem magischen Punkt der Gegend, spüren die Energielinie unter und über Ihnen.
Blicken Sie zurück auf Rottenbuch. Sie haben die ziehende Erdenergie »hinter sich gelassen«. Sie sehen von hier oben, wie der empfangende Sender-Turm der Klosterkirche von der Landschaftssenke aufgenommen wird. Sie selbst stehen jetzt auf dem Sendeplatz. Sie sind der Sender. Also los! Welche Gedanken senden Sie?

Passende Übung:
Alles fließt. Ich lasse mich mittreiben. Ich bin mir bewusst, welch starke Senderenergie hier oben herrscht und bin sehr wachsam mit meinen Gedanken. Ich versuche, im Stehen ganz ruhig zu werden, mir meiner wirklichen Wünsche bewusst zu werden und sie dann vielleicht sogar laut auszusprechen.

Welche neue Sichtweise lasse ich zu?
Ich sehe auf meine Armbanduhr. Minuten und Stunden auf einem Zifferblatt. Warum ist dies an der Turmuhr von Rottenbuch anders? Warum sind hier Minuten und Stunden getrennt? Der Ort gibt die Antwort. Drei Beten. Drei Zeiten. Vergangenheit, Gegenwart, Zukunft.
Ich verstehe die Benennung »profan« neu: vor dem Tempel ... aber umso heiliger, kräftiger ... wahrscheinlich auch heidnischer? So gesehen, sind magische Orte und Wege zumeist profan. Magische Orte machen Spaß, wenn nicht gar Heidenspaß.

Ausgangspunkt: Im magischen Dreieck zwischen der Südseite des frei stehenden Turmes und dem Hauptportal mit den zwei Säulen der Erkenntnis.
Länge: Unwesentlich, wenn Sie nur die Kirche besichtigen und den Vorplatz umrunden. Bei Wanderungen zur Frauenbrünnerl-Quell-Kapelle oder Richtung Süden etwa eineinhalb Stunden.
Der Wanderlust sind hier keine Grenzen gesetzt. Es warten auf Sie: Der König-Ludwig-Weg, der Prälatenweg ... und der Jakobsweg! Tatsächlich befinden Sie sich auf allen dreien, wie dreifache Plaketten-Logos an Wegkreuzungen bestätigen. Und wie Sie wissen, transportieren Wege, zumal magische Pfade, auch handfeste Energien.
Anstieg: Keiner, wenn Sie nur die Kirche besichtigen und

das hübsche Areal samt Friedhof im Westen umrunden. Zum Frauenbrünnerl-Quell oder gen Süden den Berg hinauf sind's schon einige Hundert Meter Höhenunterschied. Leichte Bergschuhe und Wanderlust genügen.

Einkehr: Direkt rechts neben dem Prälatenhof der Klosterhof. Herrlicher Küchengeruch, aber nur Bargeld, keine Kreditkarte. Dieser Umstand trieb mich zurück in die Ammersee-Gegend. Ein Wink von oben? Nur Gott und der Wirt wissen dies.

Anfahrt: Möglich ab München nach Starnberg, Weilheim, hier Richtung Füssen bis zum Peißenberg. Nun über Böbing und den Böbinger Berg gen Rottenbuch.

Mit mehr Jakobsweg-Energie bei der Anfahrt: Autobahn München–Lindau, Abfahrt Ammersee-Westufer, Richtung Greifenberg. Dann Ammersee-Westufer (Jakobsweg-Ufer) entlang nach Schondorf, Utting, Dießen, am Schatzberg vorbei bis Raisting und wieder Peißenberg. Nun über Böbing und den Böbinger Berg gen Rottenbuch.

3
Die Hügelgräber von Finning

Verbunden mit dem Herzenserbe unserer Vorfahren

Im Fünfseenland sind die alten keltischen Kultplätze noch allgegenwärtig. Die dort an vielen Orten wahrnehmbare besondere Energie, vorwiegend durch die Würmeiszeit geprägt, war schon lange vor jeder menschlichen Besiedlung da und wurde dann im Laufe von Jahrhunderten und Jahrtausenden verstärkt – und heute ist sie mächtig wie nie zuvor.

Besonders im Gebiet des Ammersees – gerne benenne ich den mit keltischen Kultorten gesäumten See als »Keltisch Kultisches Kraftwerk« (KKK) – lässt sich dies beweisen: ein hochwirksames, wenn nicht gar gefährliches Verbundnetz von Keltenschanzen, Hügelgräbern, Ludrenplätzen und Kultstätten; eine frühe und geniale Anordnung für »Mind Control«, Gedankenkontrolle nämlich weit übers Land hinweg, die heute mehr denn je Wirkung tut.

Dabei hat man oftmals den Eindruck, als seien die besonderen, wirksamen magischen Stätten, soweit sie mit von Menschen geschaffenen Kultplätzen überbaut sind, von Anbeginn an in kühnen Dreiecksformationen geplant und angeordnet: Wie etwa der Verbund Andechs–Dießen–St. Ottilien. Vielleicht haben wir es wieder mit dem »Sichtbaren im Unsichtbaren« zu tun? Die Dreiecks-Anordnung mit den gleichen Schenkeln Dießen-St. Ottilien und ebenso Andechs-St. Ottilien ist so auffällig, dass es keinem auffällt!

Beim Beschreiten magischer Wege und Plätze geht es darum, einen wachen und klaren Geist zu haben. Oft ist es so, dass der Gehende der Jetzt-Zeit wie entzogen scheint, das ist besonders an keltischen Plätzen so, von denen wir heute einen begehen wollen.

Vielleicht beginnen wir den Tag auf der Keltenschanze von Utting (siehe »Keltenkulte in Bayern«), blicken versonnen gen Andechs auf der anderen Seite des Ammersees. Dann fahren wir weiter in westlicher Richtung nach Finning und besuchen, falls genügend Zeit ist, ebenfalls auf rundkuppeligem Keltenhügel, die Finninger Pfarrkirche mit dem Satteldach.

Dann geht es weiter nach Hofstetten, von hier

aus nach Lengenfeld, Richtung Pürgen – die Beschilderung ist nicht überwältigend. Vor einer Kreuzung, die nach Lengenfeld führt, passieren Sie ein Waldstück. Spüren Sie die Energie schon im Auto? Dann, zur Rechten, weit über die Wiese gestreut, faszinierende Hügelgraber.

So ähnlich muss es damals ausgesehen haben, als unsere ehrenvollen Vorfahren das Hügelgräberfeld angelegt haben: weithin sichtbar und auf der Wiese. Heute finden wir Hügelgräber zumeist mitten im Wald, müssen die erhabenen Ahnenkultplätze mit etwas Mühe, vor allem mit Spürsinn erwandern und finden. Hohe Bäume, die heute meist keltische Totenstädte überhöhen und schützen, gehörten damals nicht dazu, wie hätte man sonst meterhohe Grabmonumente anlegen können?

Heben Sie sich den Besuch dieses frei liegenden Gräberfeldes für den letzten Teil des Tages auf, für die wertvolle Zeit, wenn die Sonne sich im Westen mit der Erde vereint. Fahren Sie auf der linken Seite der Straße in den nächsten Waldweg, stellen den Wagen ab und beginnen die magische Keltenwege-Wanderung. Ein Hügelgrab nach dem anderen empfängt Sie und Sie fühlen sich auf seltsame Weise daheim und irgendwie positiv erregt. Kein Wunder, denn Sie sind angekommen. Angekommen im Herzen. Bei sich selbst. Bei den Ahnen. Im Herzenserbe unserer Vorfahren.

Sehen Sie die zahlreichen blauen Bänder, haben Sie einen Blick für die Ritualspuren aus neuerer Zeit. Suchen Sie das auffallend hohe Grab – gewiss ist es die Ruhestätte eines Sehers oder einer Seherin.

Dann suchen Sie auf der anderen Seite der Straße, da, wo auf freiem Feld die Hügelgräber deutlich hervortreten, Ihre ganz persönliche Stelle. Und genau da, wo Sie »ankommen«, ist es richtig für Sie. Imaginieren Sie die heilige Linie, auf der Sie stehen.

Ich glaube, dass die Linie und deren wissende Begehung sehr viel mit Bewusstheit und somit mit Geist zu tun haben. Magische Wege sind Geistessache. Erst unser Geist schafft die Wirklichkeit. Erst durch unseren Geist ist es uns möglich, uns mit dem Geist unserer Ahnen zu verbinden. Das, was wir Christen als Heiligen Geist bezeichnen, ist zeitlos, war schon immer allgegenwärtig. Deshalb wäre mein Tipp, dass Sie diese Hügelgräber an Pfingsten, dem Fest des Geistes, besuchen.

Passende Übung:
Ich hebe den Keltenschatz. Er ist im Geiste und hilft mir, den Weg in die Zukunft der Jetztzeit zu finden. Die folgerichtigen Bewegungen ergeben sich von selbst.

Welche neue Sichtweise lasse ich zu?
Ich bin nicht allein. Die Ahnen sind da und helfen mir. Mir öffnet sich eine geistige Datenautobahn, die zeit- und raumlos ist, wie eben der Geist selbst ohne Grenzen bleibt.

Ausgangspunkt: Vor der T-Kreuzung nach Lengenfeld in Höhe der Wiesen-Hügelgräber (siehe Anfahrt).
Länge: Insgesamt etwa ein Kilometer, je nach Wanderlaune.
Anstieg: Keiner.
Einkehr: Nichts in unmittelbarer Nähe. Also eine ideale Wanderung mit mitgebrachter (Kelten-)Brotzeit.
Anfahrt: Autobahn München-Lindau A 96, beim angezeigten »Ammersee-Westufer« Ausfahrt Greifenberg, dann über Schondorf bis Utting, hier in der Ortsmitte rechts abbiegen, genau westlich weiter nach Finning (vorbei an der wunderbaren Keltenschanze von Utting). Dann nach Hofstetten, von hier aus über Lengenfeld Richtung Pürgen. Vor einer T-Kreuzung, die nach Lengenfeld führt, passieren Sie ein Waldstück: bald sehen Sie rechts auf der Wiese freie Hügelgräber, der Großteil der keltischen Kultanlage findet sich links im Wald.

4
Polling im Pfaffenwinkel

Einweihung im Schoß der Urmutter Erde

Ich mag magische Orte, bei denen schon von Weitem her sicht- und spürbar ist, was der ankommende Pilger und Suchende erwarten darf. Wenn Sie am Ortsende von Weilheim die Straße nach Peißenberg gefunden haben, tut sich bald zur Linken ein weites, von einladenden Wegen durchwobenes Areal auf, das an jeder beliebigen Stelle zum Anhalten und zum »Den-eigenen-Weg-Suchen« einlädt, ja sogar zwingend auffordert. Dann bald, noch vor dem Hinweisschild »Polling«, sehen Sie, genau am richtigen Platz, die wehrhafte Klosterkirche aus Pollinger Tuffstein.

Vielleicht ist es die gespannte Erwartungshaltung, dies eigenartige Ahnen von Erkenntnis, vielleicht gar eines lebensentscheidenden Hinweises, die magische Plätze immer wieder zu einer besonderen Erfahrung machen. Und dieses

leichte Kribbeln, das innere Vibrieren, wenn man sich einem solchen Platz nähert, scheint mir manchmal wie die Vorfreude der Seele zu sein, die eine Erfahrung sucht.
Da Sie die Kirche schon lange erblickt haben, finden Sie im Ort schnell das Ziel: eine geheimnisvolle Klostermauer entlang, dann rechts durch das enge Tor – und Sie sind auf dem Kirchplatz. Steigen Sie aus und bleiben Sie mehrere Momente genau da, wo Sie sich nun befinden. Wenn Sie bislang nicht gewusst haben, was ein magischer Ort sein soll: Das ist einer! Sie stehen auf einem solchen. Hier wirken kräftige, packende und emporhebende Energien und die belebende und dennoch erdende Seelenwirkung vom Wasser des Baches. Hinter Ihnen, durch die Brücke getrennt, beginnt das Totenreich, der Friedhof, und vor Ihnen befindet sich die Westseite der schweren Tuffsteinquader-Kirche mit dem monumentalen Portal. Der Ort nimmt Sie mit. Lassen Sie es zu.
Achten Sie besonders auf den fünfstöckigen breiten Turm zur Rechten mit dem abschließenden Oktagon-Aufsatz. Ein Achteck steht immer für magische Wirkung, also für massive Manipulation der Naturkräfte und zugleich auch für die Tiefenformung Ihrer Seelenlandschaft.

Sehen Sie dann nördlich des Sender-Empfänger-Turmes das Hauptportal des Kirchenbaues: die Tempelpforte mit den zwei Säulen! Sehen Sie sehr bewusst hin, vergessen Sie den allbekannten kunstgeschichtlichen, überall nachlesbaren Sirup – schauen Sie mit neuen Augen. Sie werden dann eines sehr hintergründig konzipierten Tempels der Naturkräfte gewahr, einer Stätte der Transformation, die bereits mit dem eintretenden Adepten in gekonnter Weise ein Plus- und Minuspol-Spiel spielt. Seien Sie offen und versuchen Sie, dieses Kräftespiel wahrzunehmen.
Beachten Sie die Rundformen an und über dem Hauptportal. Sie entsprechen ganz genau der hier herrschenden Grundschwingung. Geübte Augen (!) erkennen vielleicht den wohltuenden Grundton der Heilung – Schwingung und Geometrie bilden stets Entsprechungen. Und der Schriftzug über dem zumeist geschlossenen Tempel-Haupttor lautet: »Liberalitas Bavarica«. Darüber ein flammendes Herz. Nun wissen Sie, wie genial hier die Erdkräfte mit den Wirkkräften des Himmels – und eben dem Heimatgefühl – verflochten sind.
Die Geschichte Pollings beginnt mit der Klostergründung im Jahre 757. Kein Geringerer als der

Bayernherzog Tassilo III. wird da als Gründer angegeben. Somit ist der geistige Bezug zu Wessobrunn und zu einem nahe gelegenen magischen Ort offenkundig. Der bayerische Agilolfinger soll eine Hirschkuh gejagt haben, die nach längerer Verfolgung plötzlich stehen blieb und auf dem Boden scharrte. An dieser Stelle wurden drei Kreuze gefunden, von denen eines durch viele Krankenheilungen sich als wundertätig erwies.

Wenn Sie durch die Hauptportalhalle der Kirche eintreten, findet sich ein Schild und Sie erfahren, dass Sie nun die »Pfarrkirche St. Salvator und Hl. Kreuz« betreten und damit das bedeutendste Bauwerk der Gotik in Bayern. Sowohl die Bauzeit 1416–1420 als auch der Hinweis auf das spätromanische Kreuz steigern die gespannte Erwartungshaltung.

Der Vortempel, in dem Sie nun stehen, bleibt überraschend neutral. Zumeist ist die Hauptkirche durch ein schweres Eisengitter versperrt, doch das macht nichts, denn für Energetiker sind solche Grenzen schnell überwindbar: Die dreischiffige Hallenkirche mit fünf Jochen tut bis hierher Wirkung.

Konzentrieren Sie sich auf das lichtdurchflutete

Kreuz vorn am Hochaltar und lassen Sie sich von ihm »mitnehmen«. Was für ein Kreuz, was für eine Abstrahlung, selbst auf größere Distanz! Dieses heilige Kreuz, ein Tafelkreuz aus dem deutschen Hochmittelalter, vibriert geradezu vor heilender Energie. Das Licht zeigt ein heiligendes Flimmern ... Wie viele Suchende werden angesichts dieses heiligen Geheimnisses um das Pollinger Kreuz ein intensives und anhaltendes Christus-Erlebnis gehabt haben! Hier können Sie erleben, was Mystik sein kann.

Selbst der offizielle Kirchenführer räumt ein, dass dies Kreuz von unerklärlichen und nicht zu erforschenden Geheimnissen durchwoben sei: »Das Pollinger Kreuz ist von Geheimnissen umgeben, die auch die jüngsten Untersuchungen nicht alle lüften konnten. (...) Warum aber gerade dieses Kreuz so sehr verehrt wurde, bleibt ein Rätsel ...«

Vielleicht gibt die Antwort das Lebensbaum-Kreuz auf einer Steinplatte der westlichen Rückwand, denn genau im Kreuzungspunkt der Balken finden Sie den Gral! Wenn es etwas in Ihrem Leben gibt, was geheilt werden möchte, dann ist dies hier der richtige Ort, den Wunsch in die Hände einer höheren Macht zu übergeben.

Verlassen Sie die Kirche und schreiten Sie sehr bewusst über den Fluss, über die königliche Brücke – auch die Brücke zwischen den Gehirnhälften – hinein ins Totenreich, das mehr Leben birgt, als wir uns vielleicht vorstellen können. Das, was jetzt folgt, ist ein klassisches Einweihungserlebnis. Nach der Brücke öffnet sich zur Rechten der Friedhof und, deutlich in dessen Mittelpunkt, ein Rundtempel, dessen magischer Anziehungskraft sich kein Fühlender entziehen kann und will.

Eine Tafel informiert: »Heilig-Kreuz-Kapelle, spätromanische Krypta«, hier soll Tassilo das Kreuz erhoben haben, »Gruft um 1200, ältestes Grab im Bistum Augsburg«. Das sind alles nur Worte für unseren Verstand, wichtig ist, dass Sie den Ort erleben.

An diesem Tempel wartet, lockt und droht an der Südseite das geöffnete Tor zur Gruft. Betreten Sie den Raum und sofort hören Sie ein unerklärliches Singen in den Ohren, einen hohen Fieps-Ton, knapp unter der Hörschwelle – Sie hören den Raum und alles, was hier gedacht und beabsichtigt wurde.

Vor ihnen, rundbogenweit, das Dunkel, das Nichts, die Tiefe. Gehen Sie darauf zu. Dreizehn

Stufen müssen Sie hinabsteigen – und später wieder hoch zum Licht.
Uralter Modergeruch. Die Steine reden. Sie, der Gast und Empfangende, sind im Erdreich, befinden sich sogar unter dem Bereich der ringsum hier Beerdigten. Der Raumklang wird dichter. Alles komprimiert sich zwischen feuchten, kühlen Quadersteinen. Dass hier keine Zeit mehr herrscht, werden Sie erst hinterher feststellen. Es waltet die vornehme, edle Energie der Anderswelt.
Noch können Sie einigermaßen sehen, es gibt keine einzige Lichtquelle, außer der nun weit oben und hinter Ihnen liegenden Einstiegsöffnung. Und Sie gewahren vor sich nochmals eine Pforte, so niedrig, dass Sie sich extrem weit bücken müssen.
Das kostet Überwindung. Dann sind Sie durch. Völlige Finsternis, zumeist von einer einzigen Kerze schwach erhellt. Rechts, erst nach einiger Zeit sichtbar, wenn Sie sich an das Dunkel gewöhnt haben, liegt Christus auf einem Mauervorsprung. Sie fühlen den Körper eher, als dass Sie ihn mit den Augen greifen können.
Irgendwann haben Sie von der Atmosphäre hier unten wahrscheinlich genug und zwängen sich

durch den Spalt zurück in den Vorraum; die Lichtquelle des Einstiegs erscheint nun wie der Himmel. Das Leben, das lichtdurchwobene Leben, wartet auf Sie – immer schon, hier und in jeder anderen Welt! Sie schreiten hoch, dreizehn Stufen, steigen sehr bewusst. Das Licht des Himmels blendet, leuchtet und pulsiert; scheint heller als zuvor – und macht unermesslich glücklich.

Wenn Sie nun Worte wie »Wiedergeburt« hören, »Heilschlaf«, Wendungen wie »abgestiegen zur … aufgefahren in …«, dann wissen Sie zukünftig, was gemeint ist. Auferstehung gab es nicht nur einmal. Sie wiederholt sich täglich, minütlich, sekündlich, millionstelsekündlich, immerzu und ewig. Sonst wären wir nicht.

Was hier, in einer nach Norden ausgerichteten Kapellengruft mit Ihnen geschehen ist, werden Sie vielleicht erst Wochen, Monate, vielleicht Jahre später bewusst wahrhaben können.

Nach dem Grufterlebnis ist eine kleine Wanderung entlang des Baches Richtung Norden empfehlenswert: Herrliche Naturimpressionen am Flusslauf, beruhigende, fließende und reinigende Energien.

Passende Übung:
Vom Dunkel ins Licht: Ich halte mir die Augen zu wie ein Kind beim Spielen. Dann, plötzlich, gebe ich mich dem Licht, den Farben, der sichtbar und sinnlich erlebbar geschaffenen Welt hin. Sehen und Erkennen sind zweierlei.

Welche neue Sichtweise lasse ich zu?
Das Motiv des großen Schlafes – sei es im Märchen (Schneewittchen, Dornröschen), sei es der Schlaf des Lazarus, auch der dreitägige Schlaf von Jesus – zeigt mir, dass das wahre Licht nur der kennt, der im Dunkeln war.
Und nochmals. Auferstehung ist ein Dauerzustand, ebenso wie sogenanntes Sterben. Frühling, Sommer, Herbst und Winter, Tag und Nacht und Tag und …

Ausgangspunkt: Kirchplatz von Polling, innerhalb des Tores in der Mauer, die das gesamte magische Areal umfängt, Standplatz zwischen Kirchenfront und Brücke.
Länge: Unwesentlich. Die kleine Wanderung entlang des Flusslaufes ca. eineinhalb Stunden.
Anstieg: Keiner.
Einkehr: Klostergasthof gegenüber dem Mauertor zum Kirchplatz. Freundlicher Empfang, beim »Linsengericht mit Bauchfleisch« gab's sogar einen Nachschlag.

Anfahrt: München, Autobahn Garmisch A 95 nach Starnberg, nach der Ortsdurchfahrt weiter Richtung Weilheim. Ab dem Ortsende Weilheim Richtung Peißenberg fahren, bald kommt bei einer Abbiegemöglichkeit nach links das Hinweisschild Polling. Die magische Kirche ist bereits weithin sichtbar.

5
Pähl im Pfaffenwinkel

Wo Vergangenheit, Gegenwart und Zukunft eins werden

Pähl ist ein ganz besonderer Kraftplatz des Voralpenlandes. Zahlreiche Hügelgräber in der näheren Umgebung weisen auf eine sehr frühe Besiedelung hin. In Urkunden wird der Ort seit dem 8. Jahrhundert in verschiedenen Schreibweisen erwähnt, doch sollen es bereits die Römer gewesen sein, die den magischen Platz begründet haben. Sie werden sich bewusst gewesen sein, weshalb sie gerade diesen Platz gewählt haben, denn Pähl klingt nicht umsonst wie Pfahl.

Wer hierherkommt, sieht schon viele Kilometer weit das dunkle Schloss Pähl mit dem dominierenden Hauptturm hochherrlich auf verwunschenem Felsen das Land der Ammersenke überwachen. Das Schloss gehörte einst zu dem nahe gelegenen Kloster Andechs und zeigt, wie geistige Macht ins Land abstrahlt.

Im Westen stehen die hellen Schüsseln der Erd-

funkstelle Raisting: sichtbare Senderenergie. Doch täuschen Sie sich nicht, denn von Pähl geht noch mehr Energie aus als von den modernen technischen Anlagen – und ebenso eilt ebendiese Energie stets hierher zurück.
Das Wechselbad von Gefühlen, das man in der Pähler Umgegend erleben kann – ein kribbelndes Gefühl von Gefahr, magischer Anziehung und auch versteckter Offenbarung eines Geheimnisses –, es täuscht keineswegs. Das ist kein Wunder: zum einen strahlt die Kraft des unmittelbar benachbarten Jakobsweges weit hinein ins Land: Schondorf – Utting – Dießen – Raisting – Wessobrunn ... Zum anderen speichern zahlreiche Keltenhügel in der näheren Umgegend von Pähl nicht nur die Energie der Ahnen, sondern solche Plätze der Kraft und Transformation setzen auch Energien mit neuer, unverbrauchter Kraft frei.
Sie werden bemerken, wenn Sie wachsam auf Ihre Gedanken achten, dass Sie in und um Pähl anders denken. Dieses Andersdenken beherrscht Sie, ob Sie wollen oder nicht.
(Ein Denkparadox: Sie spüren nicht, dass Sie anders denken, weil Sie anders denken).
Wenn Sie von Herrsching her kommen und weiter den Moränenkamm hoch bis zu der wunder-

baren Höhenschleife gefahren sind, die direkt in den Himmel zu weisen scheint, dann biegen Sie nun rechts ab Richtung Pähl und halten sich immer südlich. Bei einer unscheinbaren Waldeinfahrt zur Linken finden Sie das weiße Schild »Hartschimmelhof«, es ist leicht zu übersehen, doch die Suche lohnt. Rechts an der Hauptstraße befindet sich eine Tafel »Landkreis Weilheim – Schongau«.

Biegen Sie über die Straße nach links auf den Privatweg ein und stellen Sie dann nach wenigen Metern den Wagen ab. Sofort fällt Ihnen südöstlich, also wiederum zur Linken, der Keltenhügel auf mit einer seltsam lockenden Rundkapelle genau auf der Hügelkuppe: ein geheimnisvolles, einsames weißes Tempelchen, das unergründbar isoliert mitten im Wald liegt.

Es führt tatsächlich kein Weg, nicht einmal ein Trampelpfad, zu diesem kleinen Gralstempel, doch der kurze Anstieg auf federndem Waldboden lohnt.

Achten Sie, wenn Sie einmal da sind, nur noch auf die Energie des Ortes. Diese lässt sich am geraden und hohen Wuchs des umgebenden Buchenbestandes ablesen; überhaupt ist es interessant, auf den Wuchs der Bäume zu achten, sie zeigen immer deutlich, welche Energie an dem Ort wirkt. Der gerade Wuchs deutet auf das Fehlen von Energiewirbeln hin und so erlangt beim Betrachten der hohen Buchen das Wort »aufrecht« die eigentliche Bedeutung.

Dazu stehen Sie mitten in der Bannmeile eines ausgesprochen männlichen Strahlungsfeldes, das sich von den zahlreichen urweiblichen magischen Orten in der Umgebung – wie Mühlfeld, Elisabethquelle bei Andechs, Mechtildisquelle auf dem Schatzberg – deutlich unterscheidet: schwer, mächtig, Macht gebend. Irgendetwas hebt Sie, Sie denken »hoch«, wissen jedoch nicht, warum dies so ist.

Inzwischen sind Sie bei der Kapelle angelangt, stehen vor dem etwa zwei Meter breiten Rundoval der Mauer, das vom südlichen Tor her den Zugang zu dem sich in einem Spitzbogen öffnenden Rundtempel gewährt. Treten Sie ein und achten Sie dabei auf die Hindernisse: Nichts ist zufällig.

Spüren Sie die energetische Sperre? Die entsteht genau zwischen den bemoosten und seltsam behauenen Quaderblöcken zur Rechten und zur Linken des Tores.

Dann steigen Sie die wenigen Stufen empor – Stufen aus natürlich gewachsenem, für den Ankommenden geformtem Wurzelwerk. Hier herrscht, wenn überhaupt etwas herrscht, die Natur selbst. Natur ist – und gibt uns die Möglichkeit zu sein. Wie bereits erwähnt: Hier denken Sie anders, radikaler noch: Hier werden Sie anders gedacht! Öffnen Sie das schwarzeiserne Gitter und stellen Sie sich in die Mitte des Ovals, auf natürlichem Moos, auf Erde, Blattwerk, Gras oder Schnee; spüren Sie die verstärkende, raumklingende Kraft des Spitzbogens.

Seien Sie offen für das, was mit Ihnen passiert. Ich bin mir sicher: Der Ort nimmt Sie mit.

Mehr als irgendwo sonst teilen sich Ihnen genau hier atemberaubende Informations-Cluster mit, Sie erleben die Gleichzeitigkeit allen Seins. Und es wird Ihnen auch klar, warum geschichtliche Ereignisse schon da waren, bevor Sie sich manifestierten, und warum die Geschichte Gegenwart ist, so wie die Zukunft Geschichte sein wird und ist.

Was war, wird sein und was sein wird, ist und was ist, war und wird sein – alles ist gleichzeitige lebendige Gegenwart!

Schließen Sie den Besuch ab mit dem Verlassen des runden Mauerbereiches, schließen Sie das schwarze Tor sorgfältig mit der dort angebrachten schwarzen Schnur, schreiten Sie abschließend fünf bis zehn Minuten lang halblinks den südwestlich gelegenen Hügel hoch und lassen Sie von oben Ihren Blick schweifen. In der Gegenwart ist die Vergangenheit und die Zukunft erfahrbar. Nutzen Sie diesen Platz, um Ihrem eigenen Leben in diesem Sinne eine Vision zu verleihen.

Passende Übung:
Nachdem dieser Platz und die darauf befindliche gralstempelähnliche Gedenkstätte sehr mit der Vergangenheit des Landes verbunden ist (die dort vergegenwärtigten Namen der in Ewigkeit Ruhenden sollten Sie lesen und erforschen und vielleicht das Freigrab eines Geomanten entdecken): Probieren Sie eine Runenstellung. Dabei sind der Fantasie keine Grenzen gesetzt, indem Sie versuchen, mit dem Körper eine Rune nachzubilden. Am besten die Anfangsrune Ihres Namens. Oder die bekannte Lebensrune, den Baum des Lebens: Sie bilden mit dem Körper von den Füßen bis zum Kopf die Mittelachse; strecken Sie nun beide Arme seitlich nach oben, dass diese mit der gedachten waagerechten Linie zwischen den Fin-

gerspitzen ein Dreieck bilden, also ein Spitze-unten-Dreieck, Schwerpunkt genau da, wo Ihr Kopf ist ... erinnert Sie das nicht an ein Geheimnis der Landschaft? Richtig: Die entscheidenden Kraftorte ergeben stets eine energetisch passende Landschaftsrune.

Welche neue Sichtweise lasse ich zu?
Betrachten Sie die hohen Buchen ringsum in neuer Sicht: Sie sprechen in gewachsenen Runen zu Ihnen. Betrachten Sie die Natur, die Sie umgibt, sehr genau: Sie gibt uns Zeichen, die wir verstehen können.

Ein zusätzlicher Ausflugstipp:
Nach dem Ortsende Herrsching fahren Sie nicht links hoch Richtung Andechs, sondern rechts ab zum nahen Mühlfeld. Von dort Richtung Süden nach Wartaweil, Aidenried, Mitterfischen. Hier geleitet Sie eine kleine Straße links nach oben. Von Weitem lockt schon der Hügel und darauf, energieüberhöhend, die Kirche Sankt Pancratius. Stellen Sie direkt an dem Gotteshaus den Wagen ab, ein sich nach Süden öffnendes Plateau mit fantastischem Blick weit über das Land der Ammersenke und des Ammersees lädt dazu ein.

Unübersehbar dominierte einst den alten Thingplatz eine etwa 600 bis 800 Jahre alte Linde. Sie ist gefällt und doch ist ihre Energie noch spürbar: Linde – Linderung.
Setzen Sie sich auf eine Bank und blicken Sie übers Land. Nun sehen Sie nicht nur Landschaft, sondern das, was die Menschen eines Landes geistig beherrscht. Es ist ein geistiger Weg. Magische Wege können Sie auch im Geiste gehen – am dafür richtigen Ort.
Sie sprechen mit den Ahnen und erfahren, was schon immer Ihr Anliegen (Ahn-Liegen?) ist.

Ausgangspunkt: Unmittelbar nach der Einfahrt in den Waldweg in der Nähe des weißen Wegweisers an der Straße, der zum »Hartschimmelhof« führt.
Länge: Unwesentlich. Ebenso der Anstieg zu dem kleinen im Text beschriebenen Keltenhügelchen.
Empfohlene Wanderung ganz in der Nähe (mein persönlicher Lieblings-Entspannungsweg): Vom Parkplatz »Schöne Aussicht« gleich nach der Abzweigung nach Pähl (von Herrsching her kommend) begehen Sie den Moränenhöhenweg zur Hardtkapelle. Ein hochherrlicher Drachenpfad! (Siehe »Wunderwege in Bayern«)
Anschließend Weiterfahrt auf der Straße nach Fischen, in der Ortsmitte an der Hauptkreuzung nach rechts abbiegen Richtung Dießen. Bald muss der Weg die Ammer kreuzen, direkt vor der Brücke eine kleine Parkmöglich-

keit. Dann nach Belieben flussaufwärts den linken, östlichen Uferweg erwandern, immer Richtung Süden. Bei jedem Schritt ein neuer Gedanke, ein neuer Denkschritt. Freie Sicht, frischer Wind und fließendes Wasser mit Gebirgsenergie.

Anstieg: Keiner. Der Keltenhügel bei der Kapelle ist harmlos.

Einkehr: Von Fischen bzw. Mitterfischen zurück nach Aidenried. Dort, direkt am Ostufer des Ammersees, ein ausgezeichnetes Fisch-Lokal mit Seeblick. Biergarten direkt am Wasser oder Panoramablick-Gaststube. Genießen am Kraftort!

Anfahrt: Ab München A 96 nach Lindau; bei der Ausfahrt Gilching rechts ab Richtung Weßling, Herrsching. Herrsching durchfahren. Nach dem Ortsende Richtung Andechs. Vor Andechs nach einer lang gezogenen Linkskurve rechts ab. Vorbei am Parkplatz »Schöne Aussicht«, dann immer Richtung Pähl. Irgendwann im Wald kommt das weiße nach links weisende Schild »Hartschimmelhof«.

6
Ilkahöhe am Starnberger See

Auf den Spuren des Heiligen Grals

Einer der schönsten magischen Wege in Bayern führt uns ans Westufer des Starnberger Sees südlich von Tutzing: auf die Ilkahöhe.
Von diesem magischen Platz aus haben Sie an Föhntagen ein unbeschreibliches Alpenpanorama, das das Herz weitet und den Geist frei macht.
Von Tutzing ist der Weg ausgeschildert, Ihr Auto können Sie am großen Parkplatz des Forsthauses Ilkahöhe abstellen.
An der kleinen Kirche vorbei führt ein Weg nach oben. Die kleine Anstrengung lohnt, denn dort auf der Höhe wartet ein wahrlich verzauberter Platz auf Sie. Ein alle Sinne betörender Naturdom umfängt den Pilger, wenn Sie sich hinstellen und Ihre Hände wie Fühler ausstrecken, spüren Sie das Kribbeln, wenn Sie auf dem richtigen Platz stehen. Sie können anhand des Kribbelns

feststellen, wo die Grenzen des magischen Runds beginnen und aufhören. Das ist eine sehr interessante Erfahrung.

Dem von Würmeiszeitkräften geprägten Platze ist ein eigenartig spürbares Wollen einbeschrieben, dieser magische Kreis mit seiner unglaublichen Bannkraft hält den Ankommenden fest: ein gewachsener Ring aus lebenstrotzenden hohen Buchen, in dessen Mitte deutlich die Spuren von wirkmächtigen Ritualen feststellbar sind.

Eine Tafel klärt auf, dass genau hier inmitten des jetzigen Naturdomes der hohen Buchen bis vor wenigen Jahren ein achteckiger Tempel gestanden hat. Der war zu Ehren der bildhübschen Fürstin Ilka von Wrede errichtet worden, der die Ilkahöhe ihren Namen verdankt. Sie hat im Krieg 1870/71 vielen Verwundeten geholfen. Ein kleiner Tempel, der ihr zu Ehren errichtet worden war, steht leider nicht mehr. Doch die magische Kraft waltet mehr denn je. Achteck! Magische Zahl.

Warum ist der abgebildete, diesen Ort überhöhende Tempel nicht mehr da? Denn, worauf Sie jetzt stehen, es ist und bleibt eine klassische Tempelstelle. Spüren Sie es? Das zieht in allen Gliedern. Die Laune macht Bocksprünge. Sensi-

bleren Geistern wird es schnell schwindelig. Fußsohlen kribbeln. Kein Wunder: eine Schnittstelle gleich mehrerer Drachenlinien!
Die Erklärungen auf der Tafel, dass der Tempel im Krieg beschädigt und dann abgerissen wurde, sind zu dürftig, befriedigen den Suchenden nicht, der sich nach dem Gral sehnt …
Der ewige Gral. Die ewige Sehnsucht. Blicken Sie von dieser Einweihungsstätte aus auf den unter Ihnen liegenden Würmsee …
Die Gralssuche rückt in unserer heutigen Zeit auf überraschende Weise in das Zentrum des öffentlichen Bewusstseins. Schienen Artus-Epen und Geschichten von den Rittern der Tafelrunde längst vergessen und nur für einen kleinen Kreis belesener Liebhaber interessant, so dominiert der Gral heute Bestseller, Unterhaltungsfilme, Illustriertenseiten, vor allem aber eben das kollektive Denken.
Wie immer der Gral auch beschrieben und mystifiziert wurde und wird: Es taucht stets das Becken auf, sei es die Schale, der Becher, sei es auch das weibliche Becken; bisweilen Maria Magdalena als ein in völliger Ganzheit der Person aufnehmendes Wesen, sei es gar die weibliche Seite von Jesus?

Oder auch, für hartgesottene Okkultisten das Becken der Hirnschale, der Geist.
O GRAL, wo bist du? Drehen Sie das Wort um: LARG-O, Lago, See!
Auch der See braucht das Becken und bezieht daraus seine Kraft und Existenz. Ohne Becken, also ohne die längst vor menschlichem Denken vorhandene Idee der aufnehmenden Form (der Gralsidee?) gibt es keinen See. Erst das Becken schenkt der Lebenskraft des Wassers die bekannte sichtbare, begreifbare und erlebbare Form.
Dies ist bei jedem See so, der Starnberger See, nicht umsonst seit jeher Würmsee (also Drachensee) genannt, erfüllt die Kriterien des mit Geisteskraft gefüllten Beckens jedoch in besonderer Weise.
Setzen Sie sich auf eine der Bänke oben auf der Ilkahöhe, irgendwo. Lassen Sie den Ort auf sich wirken. Die spürbare Weite und Freiheit verändern auch Ihr Inneres. Und vielleicht werden Sie, zurück im Alltag, feststellen, dass dieses tief Erlebte sich immer wieder in die Gegenwart schiebt und sie auf nicht mit Worten zu erklärende Weise nährt.
Nun greifen Sie am besten eine der vielen Wanderkarten oder einfach eine Karte von Ober-

bayern, die Ihnen den Würmsee und dessen nähere Umgebung zeigt. Nehmen Sie Lineal und Bleistift. Wenn Sie eine trainierte Fantasie und den Schatz der Vorstellungskraft haben, imaginieren Sie im Geiste: das Starnberger-See-Pentagramm.

Dieses Pentagramm (Drudenfuß; Fünfzack) steht mit zwei Spitzen nach unten und einer Spitze nach oben, ist also »sauber«. Sie kennen das Logo aus zahllosen Darstellungen. Es erinnert an ein Wesen mit spitzem Kopf, das die Beine gespreizt hält und beide Arme weit vom Körper wegstreckt.

Spitze, also der Kopf, ist Starnberg.

Nun ziehen Sie die Wege- oder Gedanken-Linie nach links unten, also südwestlich, durch Possenhofen, Tutzing mit Ilkahöhe, dann Magnetsried (untere linke Spitze); wieder hoch über Ambach, Degerndorf (Maria-Dank-Kapelle), bis Schaftlarn mit der magischen Birg. Von hier aus waagerecht (Westen) über Berg (Todesstelle Ludwigs II.), Possenhofen, Andechs (Gralsburg der Macht auf keltischem Terrain), hier vom sogenannten Heiligen Berg geht's südöstlich zurück wieder über Tutzing und Ambach bis Beuerberg. Und nun zurück von der rechten unteren Spitze

zur ganz oben liegenden über Degerndorf, Berg, bis Starnberg.
Die fünf Schnittpunkte des Drudenfußes, die damit ein Fünfeck ergeben, sind Possenhofen, Tutzing, Ambach, Degerndorf, Berg.
Und die Degendorfer Höhe mit der legendären Maria-Dank-Wunderkapelle können Sie hier, von der Ilkahöhe aus, genau sehen. Sie ist das Pendant auf der gegenüberliegenden Seeseite. Spüren Sie die Kraftlinie, die beide magischen Orte verbindet?
Wandern, pilgern Sie, vielleicht zurück zum magischen Areal unter den Buchen. Von der Ilkahöhe aus überblicken Sie – die Welt! Nicht weniger als die Welt.

Passende Übung:
Augen auf. Schauen. Sonst nichts.

Welche neue Sichtweise lasse ich zu?
Ohne Form gibt es keinen Inhalt und ohne Inhalt wird die Form sinnlos ... Jedenfalls für unser menschliches Verstehen. Wir können nur verstehen, was formell greifbar oder sichtbar ist.

Ausgangspunkt: Parkplatz etwas unterhalb der kleinen Kirche mit Friedhof und benachbartem Restaurant Forsthaus Ilkahöhe.
Länge: Von hier aus ein gut begehbarer Weg zum Wald mit dem Naturtempel und sich anschließende Höhenweg auf fantastischem Aussichtsgrat: nicht mehr als dreißig Minuten.
Höhe: Wenige hundert Meter. Für jeden zu schaffen.
Einkehr: Das Restaurant Forsthaus Ilkahöhe liegt unübersehbar schön. Die Speisekarte liebt Präpositionen. »Gans an Blaukraut«. Preise: Für Reiche kein Problem. Notfalls Brotzeit mitbringen.
Anfahrt: München, Starnberg. Durch Starnberg hindurch Richtung Tutzing (am besten die malerische Strecke unten am See über Pöcking und Feldafing nach Tutzing wählen). Tutzing durchqueren, dann gleich nach dem Ortsausgang ab Richtung Weilheim; bald, bei einer Gabelung der Straße, halblinks halten, Schild »Ilkahöhe« beachten. Nun nach kurzer Wegstrecke beim unübersehbaren Schild »Forsthaus Ilkahöhe« rechts ab. Serpentinen hoch – schon öffnet sich das magische Areal mit der typischen Zwiebelturmkirche.

7
Die Blaue Gumpe im großen Ostersee

Da-Sein in der reinen Natur

Die Osterseen sind ein Sakralraum der Natur: Feuchtwiesen, Trollblumen, Mehlprimeln, Sumpfherzblatt, Enzian, Wiesensalbei, Lichtnelken und Orchideen, Kieselalgen, Wasserlinse ... um nur einige besonders wortklangwirkende Schöpfungsideen herauszugreifen.
Der so eigentümliche Name der Osterseen geht auf das altgermanische Wort »ostan« im Sinne von »nach Osten« oder auch »im Osten« zurück. Die Verbindung zum heidnisch-germanischen Ostara, dem Fest des wieder erwachenden, wiedergeborenen, sich selbst im Kreislauf der Natur stets neu gebärenden Lebens, das wir »an Ostern« heute noch begehen, ist unüberhörbar.
Die Osterseen sind entstanden in der Würmeiszeit, die wir in ihrer energetischen Auswirkung auf das Würmtal so sehr zu schätzen gelernt haben. Als die letzte Würmeiszeit zu Ende ging

und die Gletscher aus den hochherrlichen Alpen sich langsam zurückzogen, zerfiel das Gebiet der heutigen Osterseen in eine Vielzahl sogenannter Toteisblöcke. Schmelzwassersedimente bildeten geheimnisvolle Naturtrichter. Es entstand die »Eiszerfallslandschaft«, Mulden fanden Anschluss an das bis heute reine Grundwassersystem; ein Netzwerk aus Quellen, über- und unterirdischen Verbindungen reiner Naturströmungen entstand.

Da die gesamte Region wegen der sumpfigen Beschaffenheit seit jeher nur dünn besiedelt war und seit längerer Zeit in vorbildlicher Weise als Naturschutzgebiet der Schöpfung huldigt, ist das gesamte Osterseengebiet bis auf wenige Ausnahmen gänzlich unverbaut. Natur-belassen. Mutter Natur, Erde, Wasser, Quellwasser ... Alles steht als Naturdom dem Fühlenden offen, jenem behutsamen Wanderer, dem der Himmel die liebste Lichtkuppel und dem die glitzernde Wasseroberfläche wie Spiegel der Unendlichkeit und Zeittranszendenz erscheinen. Noch kein Architekt hat ein derartiges Bauwerk vollbracht.

Wir haben, von der Autobahn München–Garmisch her kommend, die Ausfahrt Penzberg/Iffeldorf genommen, sind durch Iffeldorf hin-

durch Richtung Seeshaupt gefahren, um dann, nach etwa fünf Kilometern, den Parkplatz an einem lang gezogenen Holzschupfen zu finden.
Dort beginnt Ihre heutige aufregende Reise ins Ich, ins Sein. Der Naturwunder-Wanderweg führt vom Parkplatz weg genau nach Süden, an reichen Wiesen vorbei, deren Artenvielfalt sich für Botaniker als Paradies offenbart. Unter der Eisenbahn hindurch, dann wieder nach oben und bald öffnet sich ein Blick auf den großen Ostersee, ein Wasser- und Bergepanorama, das augenblicklich zum staunenden Innehalten zwingt. Wie oft möchte man da ausrufen: Ist das noch die Wirklichkeit?
Es ist die Wirklichkeit und wir wollen erfahren, was an verborgener Wirklichkeit hinter der sichtbaren und so berauschend schönen Wirklichkeit steckt.
Der Weg führt immer am Ufer entlang, manchmal mehrere Meter entfernt, dann wieder ganz nah am Wasser. Achten Sie auf die stille Sprache der Pflanzen, beobachten Sie wissend die Drehrichtung der Bäume, vor allem der glatten Buchenstämme und der Büsche.
Nach etwa einer Dreiviertelstunde gelangen Sie an eine wundersame Lichtung, sehen eine Bank

still vor sich hin träumen und spüren die magische Anziehung des Wassers.

Magischer Ort! Ein liebevoll hergerichteter Brettersteg über dem glatten Spiegel der Quellgumpe nimmt Sie auf. Legen Sie sich auf den Bauch und sehen Sie in das glasklare Wasser, das zumeist tiefblau, bei schräger Abendsonne in wohligen Erdtönen den Blick fängt. Tauchen Sie ein. Versinken Sie mit den Augen.

Die Reinheit des Wassers lässt es zu, dass Sie beobachten können, wie die Gumpe von mehreren trichterförmigen Quellen von unter her gespeist und dabei ständig neu geboren wird: das hochdrückende Wasser ergibt mystische Verwirbelungen mit allerfeinsten Lichtspielen. Die so entstehenden, lichtbrechend-pulsierenden Drehformen unter Wasser deuten die wahre Geheimsprache der Schöpfungsidee.

Die Schöpfung ist das allergrößte Wunder.

Vergessen Sie Zeit, vergessen Sie alles. Hier ist nur reines Da-Sein.

Menschen in grauer Vorzeit, Menschen in paradiesischer Unschuld kannten ebenfalls nur das reine Sein. Es gab nur das Jetzt und es gab noch nicht Gut und Böse.

Erst das Ich, erst die Bewusstwerdung, und der

Sündenfall brachten die Zersplitterung, den Riss, brachten auch das Bewusstsein des Todes – und den zerstörerischen Drang, die Natur beherrschen zu wollen. Dennoch ist in uns immer noch eine unglaubliche Sehnsucht nach der ursprünglichen Einheit geblieben. Zurück in diesen Quell des unschuldigen Da-Seins, zurück in den Schoß der Urmutter Erde.
Die Blaue Gumpe ist ein Ort, an dem dies erfahrbar wird. Sie kristallisiert sich als Ort des Erkennens, der Ahnenfindung, des Zurücks zum Paradies.

Passende Übung:
Das Auf-dem-Bauch-Liegen über der Gumpe auf dem federnden Holz des Steges: Ich sehe mich selbst (oder mich und meinen Partner) im Spiegel des Quelltopfes; doch ich betrachte nicht in eitler Selbstliebe mein eigenes Antlitz, sondern sehe liebend das Ganze. Die Natur liebt mich, ich gebe diese Liebe zurück, greife schöpfend-schöpferisch mit beiden Händen einen Schluck erdig reinen Wassers. Und ich trinke die Erkenntnis tief hinein in mein Innerstes. Ich vereinnahme das Geheimnis der Blauen Gumpe. »Es« dringt in mich ein.

Welche neue Sichtweise lasse ich zu?
Die Pforte zum Weg zurück ist noch nicht verschlossen, die Pforte ist hier und solch Wissen um das Überleben von Seele und Naturseele dringt nach oben wie reines Quellwasser.

Ausgangspunkt: Der lang gezogene Holzschupfen bei dem gebührenpflichtigen Parkplatz, etwa fünf Kilometer nach Iffeldorf.
Länge: Stramme Marschierer schaffen es in eineinhalb Stunden um den Ostersee herum. Ich brauche drei Stunden, weil ich immer wieder innehalten, schauen, die Stille hören oder mit den Quellgeistern kommunizieren muss. Kuriose Beobachtung am Rande: Diese Quellgeister sind voller Humor.
Anstieg: Keiner.
Einkehr: Staltacher Hof in Iffeldorf. Kult: Huislbräu bei Schwaig (zurück über Iffeldorf, dann vor der Autobahnauffahrt links ab Richtung Golfplätze, am Eitzenberger Weiher vorbei, weiter Richtung Beuerberg.
Ideal in diesem Fall: Mitgebrachte Brotzeit im Irgendwo des magischen Rundganges.
Anfahrt: Autobahn München–Garmisch A 95, Ausfahrt Penzberg/Iffeldorf, nach wenigen Metern beim Hinweisschild Iffeldorf nicht links ab, also nicht nach Iffeldorf selbst, sondern geradeaus durch den Ortsteil Staltach: Nach etwa fünf Kilometern erreichen Sie den Parkplatz.

8

Die Karlsburg und St. Alto in Leutstetten

Kraftplätze der wilden Frauen

Das Würmtal bei Leutstetten ist für alle Kraftortfreunde ein Muss. Dort findet sich nicht nur die stets geschmückte Heilquelle, die von vielen Frauen als Kultplatz genutzt wird, sondern auch das Grab der Seherin ist in unmittelbarer Nähe und zeugt von einem lebendigen Kult. Jedes Mal wenn ich hinkomme, sind neue Zeichen sichtbar, wird deutlich, dass Menschen sich hier treffen und Rituale feiern und sich in diesem Hügelgräberfeld mit der Anderswelt verbinden.

Da ich sowohl die Quelle als auch das Grab schon in anderen Büchern beschrieben habe, wenden wir uns heute zwei weiteren Kultorten zu, die auch in unmittelbarer Nähe sind: der Karlsburg und der Kirche St. Alto von Leutstetten mit dem magischen Bild der drei Beten. Vielleicht überzeugt es auch diejenigen, die diesen

Kraftplatz schon kennen, dass es sich lohnt, noch einmal hinzufahren. Für mich ist das Beten-Gebiet wie eine zweite Heimat geworden, ein Ort, den ich immer wieder aufsuche, den ich anderen Menschen zeige, weil ich um seine transformierende Wirkung weiß.

Der Sage nach ist die Karlsburg, von der heute nur noch wenige Mauerreste übrig sind, die Geburtsstätte Karls des Großen. Schon diese Tatsache beschreibt die Wichtigkeit des Ortes. Einst stand hier hochherrlich die Burg und es ist sicherlich kein Zufall, dass ausgerechnet von dieser Karlsburg keine einzige Abbildung zu finden ist: keine mittelalterliche Darstellung, kein Stich, nichts. Hier soll offenbar etwas verborgen werden.

Wo sich einst die Karlsburg erhob, beschreibt die Würm eine magische Schleife, nicht nur materiell, sondern auch energetisch; hier ist der Durchgang vom Mühltal zum Wildmoos (Wilpet-Moos, dem Terrain und Hoheitsgebiet der Seherin) und der Platz ist wie ein magischer Durchgang in die Anderswelt.

Steigen Sie vom Parkplatz des Forsthauses Mühltal auf den Karlsberg hinauf. Wo sich einst die Burg erhob, findet sich heute eine Kathedrale aus

erhabenen Bäumen und auf dem Boden die Reste von Steinen, die einst zu dieser mächtigen Anlage gehörten.
Lassen Sie den Ort auf sich wirken. Bilden Sie vielleicht einen eigenen Steinkreis, um sich mit der Energie des Platzes zu verbinden.
Suchen Sie sich dann einen bequemen Platz und verbinden Sie sich durch das Lesen der nun folgenden Sage mit diesem Ort.

Der Sage nach lebten die drei Jungfrauen unerlöst im Berg gefangen. Eines Nachts, als die sinnbetörende Scheibe des Vollmondes ihr weißes Licht über den verwunschenen Berg ergoss, erschienen die drei heiligen Jungfrauen dem Müllerknecht der oberen Mühle von Leutstetten. Der erschrak nicht wenig. Zu dritt standen die wundersamen Frauen schemenhaft vor ihm, in normaler Gestalt und Größe eines Menschen, alle drei leuchteten in mattem Weiß wie der Mond selbst, nur die mittlere der drei keltischen Göttinnen war etwas kleiner und dabei nur vom Kopf bis zur Mitte des zierlichen Körpers weiß; vom Gürtel bis zu den Beinen hinab indes blieb sie schwarz.
»Erlöse mich!«, hörte er sie sagen.

»Wie soll ich das tun?«, fragte der verängstigte Müllerknecht.
»Du musst in dieser Nacht mit uns in den Berg, dabei sollst du neun eiserne schwere Tore durchschreiten, eines ist unheimlicher als das andere. Da gelangst mit jedem Mal in einen neuen geheimen Gang unter der Erde. Jeder birgt andere Schrecken. Doch bedenke, alles wird nur Blendwerk sein, du darfst dich nicht täuschen und keinesfalls beirren lassen. Was auch geschieht, lass dich durch nichts vom Weg abbringen.«
Da fasste der Müllerbursch Mut, nicht zuletzt, da er ein tüchtiger und hilfsbereiter junger Mann war, vielleicht auch weil die drei Gestalten nicht nur schön, sondern in geradezu betörender Weiblichkeit vor ihm standen.
Er begab sich mit ihnen in das dunkle Innerste des Berges, dorthin, wo nicht einmal mehr das fahle Mondlicht schien, nur vielerlei Irrlichter, die ihm mit jedem Schritt, den er tat, den Mut raubten.
Schwer fielen die erzenen Türen hinter ihm ins Schloss (das Geräusch raubte die Sinne und sog den Willen des Burschen wie eine Schnur aus seinem Körper und seiner Seele). Und mit jedem neuen Gang, den er mit der neuen Tür für sich

aufschloss und beschritt, nahm das Grauen zu. Die drei Fräulein vor ihm gaben den einzigen Lichtschein. Und immer wieder hörte er, mehr flehend als lockend:
»Komm doch, bitte. Folge uns.«
Dann kam er zur neunten Tür. Von ihr ging etwas Böses aus. Der Klang der erzenen Türfläche gab dem jungen Mann den Rest. Er fasste noch den letzten Mut, griff nach dem schweren Balken, der vor das schwarze Eisen des Türbeschlages gespreizt war …
Und da! Plötzlich! Ein Geräusch, so abscheulich, schrecklich und schrill, wie es kein Wort, kein Satz und kein für Menschen begreifbarer Vergleich beschreiben kann: der Klang der Hölle selbst.
Der Müllerbursch machte auf dem Absatz kehrt, rannte, was seine Lungen und Beine hergaben, stolperte im Finstern, schlug sich wund, rappelte sich hoch, floh aus dem Berg und lief bis in die Gegend des heutigen Leutstetten. Erst dann hörte er auf zu rennen, als er vor Erschöpfung ins feuchte Gras der kühlen Nacht sank.
Die drei Jungfrauen, vor allem die Schwarz-Weiße, die er hätte erlösen sollen, ließ er stehen.
Bis heute ist in klaren Vollmondnächten das

Wimmern und Wehklagen der Unglücklichen zu hören.
Im Inneren des mystischen Karlsberges befinden sich große Kellerräume, dunkle Verliese in ewiger Nacht und geheime Gänge. Dort ruht angeblich ein Schatz! Drei eiserne Truhen, eine mit Edelsteinen gefüllt, eine mit Perlen, die dritte Truhe mit Kupferpfennigen. Und wer bewacht den magischen Schatz? Die drei Beten natürlich. In dunklen Nächten werden Irrlichter gesehen …

Besuchen Sie nach Ihrem Aufstieg zur Karlsburg nun die kleine Kirche St. Alto in Leutstetten und stellen Sie sich vor das berühmte Dreibeten-Bild.
Die Darstellung der in mystischem Grau erscheinenden Schicksalsgöttinnen wirkt weit hinein in die Tiefenschicht der Seele. Sprechen Sie langsam und intonierend die Namen der würdigen Nornen, Göttinnen, Heiligen, Saligen, Hexen, Moiren, Schicksalsgöttinnen:
S.AINPET, S.GBERPET, S. FIRPET.
Erinnern Sie sich an all die dreifarbigen Hexenzöpfe, ineinander verflochtene Bänder, wie sie an der nahen Dreibeten-Quelle stets im Wind flattern und mit den Festen und Gezeiten des Jahres

liebevoll erneuert werden? Nicht nur hier, sondern an allen Heilquellen Bayerns sind diese so besonderen Farben zu finden: Weiß, Rot, Schwarz.

Diese Farben entsprechen den sakralen Umhängen der mythischen Frauenwesen auf dem Bild. Wobei Firpet (sie ist identisch mit Wilpet), die rechts steht, alle drei Farben in ihrem Gewand vereinigt. Sie ist die Seherin im berühmten und vielbesuchten Grab der Seherin der keltischen Hügelgräber-Nekropole ganz in der Nähe. Die Druidin mit dem Sonnenrad unter der rechten Hand entspricht im bayerischen Volksglauben der »Katharina mit dem Radl … des san die drei heiligen Madl«. Tatsächlich wurde das vollständig erhaltene Skelett der Seherin Wilpet Ende des 19. Jahrhunderts von dem Historiker Julius Naue geborgen, beschrieben und gezeichnet.

Beobachten Sie die aufrechte und majestätische, vollkommen sich selbst beherrschende Magie, diese absolut selbstbewusste Körperhaltung der Frauen auf dem Bild in Leutstetten. Ainpet und Firpet tragen machtverstärkend je einen Pfeil in der Hand: Sie beherrschen nicht nur das Leben und die lebensnotwendigen (also die Not des Lebens abwendenden!) Künste der Heilung, son-

dern auch die wilden, aber notwendigen Kräfte der Vernichtung!
Jede trägt eine Krone mit drei Zacken – oftmals in der Bildkunst ein Hinweis auf die dreifache Göttin. Und die drei Heiligenscheine sind als dreidimensionale, transparente kosmische Weltenkugeln zu sehen und zu deuten. Die Welt der einzelnen wissenden Frau trägt den Kosmos in sich – oder über sich?
Dazu hat jede Bete den Palmzweig in der Hand, also wieder ein Hinweis auf das Leben, auch auf den Lebensbaum; und gleichzeitig ist der Palmzweig auch Symbol des Todes.
Und dann richten Sie Ihr Augenmerk auf die zwei aufgeschlagenen Bücher, die Ainpet und Gberpet in der jeweils linken Hand halten. Der Kenner kirchlicher Symbolik weiß um die Nicht-Zufälligkeit solcher Details. Ein aufgeschlagenes Buch bedeutet, dass sich hier ein Geheimnis eröffnet, es liegt da, für denjenigen, der die Welt hinter der Welt zu suchen bereit und zu finden imstande ist.
Achten Sie auf die Stellungen und Winkelbildungen der Arme, auf Zeichen, Winkel und damit versteckte Hinweise. Sehen Sie die Signale, die uns zugeflüstert oder heimlich durch alle Zeiten-

läufte hindurch signalisiert werden. Verinnerlichen Sie die Symbolik, die sich aus Gewandfalten, Armen, Handstellungen und wegweisenden Gegenständen wie Pfeilen und Palmzweigen ergibt.
Ganz interessant ist es, den Ort mit einem Runenalphabet zu besuchen. Lesen Sie die Bedeutungen der Runensymbole nach: Immer wieder geht es um Leben und Tod, Macht und Wissen und die Liebe. Suchen Sie die Rune Laf, das Zauberwort spricht sich wie das englische Klangbild »love«.

Passende Übung:
Tun Sie am besten nichts. Staunen Sie. Bleiben Sie möglichst lange stehen und schauen Sie hin. Oder schließen Sie die Augen. Die drei Magierinnen stehen dann in seltsamer Klarheit weiter »vor den Augen«. Sie sind längst in Ihrem Herzen.

Welche neue Sichtweise lasse ich zu?
Weiß: Ganzheit, Jungfräulichkeit, Erwartung. So sollte man dem Leben entgegenschreiten.
Rot: Totale Schöpfungskraft, Empfangen, Geburt, Weitergabe, Liebe – und damit Leben.

Schwarz: Transformation. Wissen, Weisheit, Wiedergeburt. Neue Ordnung.
Ansonsten gilt: Nicht so viel denken. Die Symbole wirken auch ohne Zusatz des Kopfes. Sie dringen ins »Herzensauge« und sehr tief ins Unterbewusstsein. Falls Sie ein Mann sind: die Ein-Stellung (!) Frauen gegenüber ändert sich radikal.

Ausgangspunkt: Zunächst der Parkplatz beim Forsthaus Mühltal und dann vor der St.-Alto-Kapelle in Leutstetten.
Länge: Der Rundgang Dreibeten-Quelle, Grab der Seherin und Karlsburg dauert mit Verweilen gut drei Stunden. Auch für das Dreibeten-Bild sollten Sie angemessen Zeit einplanen.
Einkehr: Gaststätte Leutstetten, von der Kapelle ab die leicht ansteigende Linkskurve hoch: hübscher schattiger Biergarten. Etwas normaler geht es im Forsthaus Mühltal zu. Es liegt ideal zwischen Dreibeten-Quelle, dem Grab der Seherin und dem Karlsberg, dazu direkt an der Würm und sichtbar an den Karlsberg hingekuschelt.
Anfahrt: München (Planegger Straße südlich, Richtung Starnberg), durch Gräfelfing, Krailling, Gauting zum Parkplatz Forsthaus Mühltal. Von dort dann die Straße weiter, bald kommt eine Abzweigung nach links »Leutstetten« (rechts ginge die Straße über eine Würmbrücke über Petersbrunn = Betenbrunn nach Starnberg weiter). Dann ein kurzes Stück hoch, schon ist links von der Straße die kleine Kapelle St. Alto sichtbar.

9
Wildbad Kreuth

Quelle der Heilung

Wer heute den Namen Wildbad Kreuth hört, der hat so viele »politische« Gedanken im Kopf, dass er den eigentlichen Namen überhört: Wild-Bad. Wildbad Kreuth ist ein ehemaliges Kurbad und bereits 1511 wurde unter Abt Heinrich V. von Tegernsee ein Badehaus errichtet. Das Bad ist bis heute Eigentum der Herzöge von Bayern, die den Gebäudekomplex verpachtet haben. Er beherbergt heute Seminarräume für politische Bildung und die Hanns-Seidel-Stiftung.

In der offiziellen Touristeninformation von Kreuth heißt es, es handle sich um einen »heilklimatischen Kurort«.

Schon der Weg zum Tegernsee hin ist ein magischer, spätestens wenn Sie, von München kommend, an dem magischen Warngau mit den tiefen Quellen und der darüber stehenden Wallfahrtskirche vorbei, auf Gmund zufahren und bei gutem Föhnwetter bald schon den eigentümlich dräuenden Wallberg im Blick haben. Ist Ihnen schon einmal aufgefallen, wie bei der Fahrt dann am See entlang, zumeist über Tegernsee und Rottach-Egern nach Kreuth, Ihre Sinne und Ihr Wollen transformiert werden?

Dies alles ist mehr denn nur Alpenschönheit oder Vorzeige-Bayern, es bedeutet eine starke, meist auch durchaus dunkle Kraft dieses Tals, der umgebenden Berge und Gedankenformen ...

Und diese Gedankenformen haben seit jeher mit Macht und Herrschaftswissen zu tun – das allerdings nicht öffentlich gemacht wird. Diskretion und Verdecktsein gehören hier zum Tal wie der Lodenmantel.

Wenn Sie die Abzweigung nach Kreuth gefunden haben, tauchen Sie ein in die vollkommene Abgeschiedenheit am Fuße der imposanten Felskette der Blauberge. Hier ist einfach alles anders, doch wie anders, das lässt sich nicht mehr in Worte fassen. Sie müssen es erleben.

Ein erster Anblick des mehrflügeligen, schlossähnlichen Komplexes, der eine weiträumige Wiese hermetisch abschließt, alles vor dem Hintergrund wuchtiger Bergmassive – das ist und bleibt immer wieder ein unvergessliches Erlebnis.

Nicht umsonst beginnt die Geschichte des Wildbades Kreuth und der wundersamen Quelle »Zum Heiligen Kreuz« mit einem Märchen.
Es war einmal ein Jäger, der hatte eine Hirschkuh waidwund geschossen und durchsuchte nun die Wälder zwischen dem Weißachtal und den Blaubergen. Dann führte die Schweißspur des Tieres ihn an den Fuß des Hohlensteins und er staunte nicht schlecht, da er dort eine armdicke Quelle entspringen sah!
Das klare Wasser sammelte sich gurgelnd in einem steinernen Becken und der Jäger beobachtete nun gar mit staunendem Erschrecken, dass die verletzte Hirschkuh in diesem heiligen Wasser, das aus dem tiefen Berge entsprang, badete und dabei geheilt wurde.
So nahm die Geschichte des Wildbades Kreuth ihren Anfang. Sie dauert fast vierhundert Jahre, allein dreihundert Jahre hatten die Tegernseer Äbte das Bad »Sankt Leonhard« in Besitz. Die wechselvolle und spannende Geschichte des Wildbades ist untrennbar verwoben mit dem Hause Wittelsbach … und mit der Fortsetzung des alten, geheimen, heute wie damals mächtigen Herrschaftswissens in Bayern, das heute nur ein modernes und zeitgemäßes Gewand trägt.

Doch die Kraft bleibt immer dieselbe!
Wollen Sie mehr Details? Die lange Geschichte des Bades bleibt auch bei näherem Hinsehen dunkel und verworren und liegt in Kurzfassung an der Rezeption des Tagungszentrums auf. Siehe auch im Internet unter www.wildbadkreuth.de. Überlassen Sie die vielen Fakten den Chronisten und suchen Sie »die Quelle«.
»Immer den oberen Weg nehmen«, raten die Ortskundigen. Gehen Sie von der Front des Tagungsgebäudes, an dem alten Badhaus vorbei, bleiben Sie immer »oben«. Auch im übertragenen Sinne. Dies hier ist ein Ort der Macht, seien Sie sich dessen bewusst. Wer hier weilt, denkt und sich beeinflussen lässt vom magischen Ort, der wird immer oben sein.
Vielleicht müssen Sie ein wenig suchen. Der Weg ist nicht weit. Und dann stehen Sie vor der Quelle. Sie sehen das Denkmal, blicken auf das sprudelnde Wasser, fühlen die Kühle des Waldes, der Felsen, auch die Kühle der Jahrhunderte.
Das heilende Wasser von Kreuth ist vor Ihnen, vielleicht denken Sie noch einmal an die Geschichte mit der Hirschkuh. Was will in Ihnen geheilt werden? Was will in unserer Welt geheilt werden?

Am heilenden Wasser von Kreuth wird vieles noch geschehen, aber immer zur Ehre Bayerns.

Passende Übung:
Vielleicht eine Verbeugung in Ehrfurcht. Hier waltet nicht nur weltliche Macht, sondern auch das, was »dahintersteckt«. Ein bisserl Himmel ist dabei, aber auch ein bisserl Hölle.

Welche neue Sichtweise lasse ich zu?
Warum ist hier die Macht zu Hause? In dem Namen Kreuth ist die Raute versteckt. Die sich kreuzenden Kraftlinien in Bayern ergeben das Muster der Raute. Die Raute ist damit ebenso magisch wie all die magischen Wege in Bayern.

Ausgangspunkt: Parkplatz rechts neben der weitflügeligen Gesamtanlage des Tagungsgebäudes.
Länge: Bis zu der beschriebenen Zauberquelle nicht länger als eine Viertelstunde.
Einkehr: So viel Möglichkeiten rund um den Tegernsee … In Wildbad Kreuth selbst kann man im Alten Bad sehr gut Wild essen
Anfahrt: München, Autobahn Salzburg A 8, Abfahrt Holzkirchen, Richtung Tegernsee. Dort über den Ort Tegernsee (östliche Seeseite), dann Rottach-Egern bis Kreuth. Die Abzweigung nach links ist deutlich ausgewiesen.

10
Weihenlinden

Magische Wunderheilungen

Weihenlinden liegt im Landkreis Rosenheim. Wie der Name schon sagt, standen hier »geweihte Linden«.
Schon von weither sind die typischen Doppeltürme der Wallfahrtskirche, die in den urbayerischen Himmel hineinragen, sichtbar. Zu Beginn des 17. Jahrhunderts standen hier zwei beeindruckende Lindenbäume, die die Gräber dreier wohlhabender Männer bewachten. Darum rankt sich folgende das Gemüt erhebende Sage:
Der Platz inmitten des weiten Feldes galt von jeher als ein besonderer. In den schicksalsschweren Jahren der Schwedenkriege und der Pestzeit gelobte die Pfarrgemeinde Högling, hierhin eine Kapelle zu setzen. Genau an den Platz, der heute die Kirche trägt, in deren Umkreis Wunder geschehen. Gedacht, getan. Man machte sich daran, das ehrenhafte Projekt in die Tat umzusetzen.

Fleißige Arbeiter begannen zu graben. Umsonst. Kein Wasser – nur der Schweiß, der ihnen von der Stirne rann. Plötzlich tauchten in der Ferne vor der wunderschönen Alpenkulisse drei geheimnisvolle Fremde auf, so wie vor langer Zeit dem uralten Stammvater Abraham mitten in der Wüste drei Fremde erschienen waren, die sich später als Engel herausgestellt und ihm und seiner alten Frau Sarah den ersehnten Nachwuchs prophezeit hatten.

Was die drei geheimnisvollen Fremden in Oberbayern den verschwitzten Arbeitern gesagt haben, entzieht sich jeder Überlieferung. Es müssen jedoch gehaltreiche Worte der Aufmunterung gewesen sein, denn nun gruben die Arbeiter umso emsiger weiter ... Und dann sprudelte das Wasser!

Neben diesem lebendigen Quell kam auch ein goldener Ring zum Vorschein. Zauberring? Heiligenring, Ring des Heiligen? Ein Ring mit großer Wirkung jedenfalls.

Der Münchner Kapuzinerpater Johann Chrysostomus gab den Höglingern den Rat, die geplante Kapelle nach der Form des gefundenen Ringes zu bauen, »in die Rund zu formen«. Also errichtete man 1643–1645 eine achteckige Kapelle.

Die Wirkung war sagenhaft. Hier geschah alsbald ein Wunder nach dem anderen und der Ruf der Zauberquelle verbreitete sich rasch. 1653 wurde mit dem Bau der Kirche um die Kapelle herum begonnen. Interessant ist, dass auch die Türme achteckig sind.

Hinter der Basilika ragen sechs alte Linden empor. Schon in frühesten Abbildungen ist die Anlage einer Lindenallee erkennbar, einer verwunschen wirkenden Baumreihe. So bleibt der magische Ort, an dem Sage, Legende und Wunder bis heute Wirklichkeit waren und sind, dem poetischen Namen treu: Weihenlinden. Besuchen Sie die Kirche, die Fresken in den Arkadengängen beschreiben die Wallfahrtsgeschichte. Doch wie immer ist für mich die Energie außen stärker transformierend. Stellen Sie sich vielleicht unter die Lindenbäume. Hoffen auch Sie in Ihrem Leben auf ein Wunder? Formulieren Sie Ihren Wunsch. Sprechen Sie ihn vielleicht sogar laut aus. Und besuchen Sie dann den reinigenden Quelltempel.

Von Weihenlinden lohnt eine Weiterfahrt über Maxlrain nach Jakobsberg. Auf einem alten Keltenhügel lässt sich die wunderbare Jakobskirche samt deren Geheimnissen entdecken.

Von dort könnte Sie Ihr Weg noch in den Wallfahrtsort Tuntenhausen führen. Dessen Mirakelbuch von 1646 erzählt beglaubigte Wunder, zumeist Heilungswunder. Auch hier weist eine Jakobsfigur auf den rechten Weg. Das Totenbild links neben dem Eingang beschreibt mit barockschwarzem Humor, dass jeder, wirklich jeder Weg vom Tod begleitet wird:

»Fleuch (fliehe) wo du wilt
des Todtes bild
Stätz auf dich zilt!«

Der Weg ist das Ziel. Und für den barock fühlenden Bayern gehört »das« einfach dazu.

Ausgangspunkt: Parkplatz zwischen Wallfahrtskirche Weihenlinden und dem unübersehbaren Biergarten!
Länge: Bei Weihenlinden ca. eine Stunde Wege erforschen. Das »Triple« Weihenlinden, Jakobsberg, Tuntenhausen ist ein gemütlich-schöner, erfüllter Sonntag mit Fahren, Wandern, Sitzen, Staunen.
Anstieg: Keiner. Nur der Jakobsberg, die letzten Meter.
Einkehr: An allen drei Orten und dazwischen legendäre Pilgerwirtschaften. Vor allem Brauerei in Maxlrain.
Anfahrt: Ab München Autobahn Salzburg, Abfahrt Weyarn, dann über Feldkirchen-Westerham nach Bruckmühl, westlich weiter nach Weihenlinden. Von hier aus nördlich Richtung Ebersberg über Jakobsberg nach Tuntenhausen.

11
St. Margarethen

Geborgen in weiblicher Drachenenergie

Hoch oben auf einem keltischen Hügel wachen die drei Beten, die drei heiligen Jungfrauen, über den »Saurüssel«.

Der berühmte Seher Alois Irlmaier, der 1959 gestorben ist und Brunnenmacher von Freilassing war, hat leider bislang in allem, was durch ihn geweissagt wurde, recht behalten. Die folgende Stelle folgt aus einer düsteren Prophezeihung über den »nächsten« (gemeint wäre damit der dritte) Weltkrieg und dessen Auswirkungen:

»Wir aber haben nichts zu befürchten, denn das Land zwischen Untersberg und Wendelstein wird beschützt bleiben vom heiligen Gnadenbild in Altötting.«

Neben Irlmaier haben auch andere bedeutende Seher, wie z.B. der Mühlhiasl ebenso wie der legendäre Pater Frumentius Renner, immer wieder auf diese Landschaft und ihre einzigartige Be-

deutung als »Raum des Überlebens« hingewiesen. Wobei hier der Begriff »Leben« und damit »Über-Leben« nicht nur materiell und körperlich gemeint ist, sondern ebenso geistig und seelisch.
Im südlichen Bereich des Saurüssels finden Sie dann, etwa in der Region Fischbachau/Brannenburg/Wendelstein, den malerisch gelegenen Ort Flintsbach. Und gar nicht weit davon entfernt, hoch auf herrlichem Hügel, als stolze Wehrburg Gottes (oder ursprünglich Odins?) das Land überblickend: St. Margarethen.
Allein der Name Margarethe lässt uns sogleich aufhorchen, ist doch Margarethe eine der »drei heiligen Madl« in Bayern.

Margarethe mit dem Wurm (dem Drachen also),
Barbara mit dem Turm,
Katharina mit dem Radl,
des san die drei heiligen Madl.

Sie haben die Autobahn München Salzburg am Inntaldrei(!)eck verlassen, sind nach kurzer Fahrt auf Kufstein zu in Richtung Flintsbach und Brannenburg abgebogen.
Einmal in Flintsbach, empfiehlt sich ein kurzer Besuch der dortigen St.-Martins-Kirche. Denn

für den Betrachter der Welt hinter der Welt gehört der mantelzerschneidende St. Martin in eine lange Reihe der vom Christentum adaptierten keltischen, odinischen Kriegerfiguren mit Schwert und wildem Umhang: kernige Urgestalten der Volks- und Ahnenseele, die dann in römisch-christlichem Gewande mit den Gedanken der Nächstenliebe für sich und andere umgedeutet wurden.

Sieben Stufen führen hoch zum Portal und der Vorraum der St.-Martins-Kirche ist allein schon das Kommen wert. Unter der Kreuztonne fängt der Klang des aufgeladenen Raumes Ihre Seele und Ihre Sinne! Drehen Sie sich in diesem besonderen Raume um und blicken Sie zurück auf das Eingangsportal, denn über diesem grüßt Sie die sogenannte Maria vom Guten Rath.

Die Kirche selbst hat keinen Mittelgang, die Bewegungsenergien fließen rechts und links um die hölzernen Bankreihen herum. Bemerkenswert bleibt das Jakobus-Bild links vom Altar an der Nordseite. Der Heilige des seelengreifenden Pilgerpfades ist hier mit drei Muscheln ausgestattet. Hinter ihm wird eine Art Menhir erkennbar: die Pfählung eines Kraftortes.

Doch nun zu unserem eigentlichen Ziel: zu den

drei heiligen Jungfrauen. Von Flintsbach fahren Sie weiter Richtung Brannenburg, hier bei der ersten Ampel links ab und dann die Schlangenlinie der schmalen Bergstraße hoch. Der Drachenpfad ist hier nicht nur spürbar, sondern als schlängelnde Straße für jeden erkennbar.
Spüren Sie, wie mit jedem Meter die Energie ansteigt! Bald erblicken Sie eine strahlend weiße, burgähnliche Kirche auf der Kuppe des keltischen Hügels (long barrow), das Satteldach der selbstbewusst statisch festen Burg Gottes passt zu der gedrungenen Gesamtanlage des Wehrbaues mit der umlaufenden weißen Friedhofsmauer, die das gesamte Kraftfeld ideal eingrenzt. Hier wird nicht nur der Gottesacker räumlich abgesteckt, sondern ein magisches Feld sinnvoll und notwendig energetisch umfriedet.
Oben angekommen, empfängt Sie im Westen des Baues eine wundersame, fünfhundertjährige Linde. Setzen Sie sich auf die umlaufende Holzbank und genießen Sie den Blick auf Neubeuern. Achten Sie auf die Templerkreuze auf dem Dachfirst, es sind Großmeisterzeichen. Warum gerade hier? Seien Sie möglichst offen für das, was da ist. Stellen Sie ungewöhnliche Fragen und hören Sie auf die Antworten, die vielleicht plötzlich in Ihnen

sind. Der Platz bei der Linde ist ein Ort, an dem Sie sich in Gedankenformen einloggen können, die vor langer Zeit gedacht wurden. Vorsicht, an dieser Stelle sind tranceähnliche Zustände schnell erreicht. Wenn Sie offene Fragen mit sich tragen, ist dies ein wundervoller Platz, um ungewöhnliche Antworten zu erhalten, auf die Sie woanders nicht kämen.

Begehen Sie dann den magischen Weg gegen den Uhrzeigersinn, umrunden Sie so den magischen Friedhof. Gleich am Beginn der Südseite lädt Sie das Ossarium, die Knochenstätte, ein, sich zu erden. Ein sehr abladender Platz, dem dann der eigenartig aufwühlende Bereich mit den auffallend vielen Adeligen-Gräbern folgt. Wer sehr feinfühlig ist, der spürt, dass hier viele ortsgebundene Geister umherirren und nicht so ganz begriffen haben, dass sie die materielle Welt längst verlassen mussten.

Der Platz im Südosten in Nähe des südlich angebauten Turmes und der Apsis ist dann ausgesprochen aufladend, dennoch eigenartig fiebrig, fragend – und irgendwie unerlöst. Der hinreißende Blick von hier aus auf Heuberg, Hochries und Samerberg lohnt, sollte jedoch, falls Sie selbst belastet sind, nicht zu einem überlangen

Verweilen verführen. Sie stehen nun genau da, wo im Inneren des burghaften Gotteshauses die drei Beten auf Sie warten.
Gleich beim Eintreten in die Kirche führt der Weg etwas nach unten. Die drei Beten stehen als zentrale Figuren im Blickfeld, dominieren über dem Altar und Tabernakel den Raum. Der spitzbogige Chorbogen des Presbyteriums umfängt und überhöht diese Kraft des Urweiblichen und wirkt wie ein Resonanzkörper auf den »geistigen Klang« des Respekt einflößenden Anblicks. Auch Optik kann klingen, der Kenner von Kirchengeometrie und Raumklang weiß darum.
Das Wissen um Margarethe kam durch zurückgekehrte Kreuzritter zu uns. Sie gilt als Patronin unfruchtbarer Ehefrauen und ist Helferin bei Geburten. Ihr Symbol ist der »Wurm«, der Drache, und so ist es die Drachenenergie, starke weibliche Energie, die von ihr ausgeht und die annehmend und aufnehmend wirkt.
Die anderen beiden Beten, Barbara und Katharina, sind der »Margarethe mit dem Wurm« zur Seitc gestellt – o heilige, heidnische, christliche, allumfassende Dreiheit.
Die heiligen »drei Madl« können direkt auf eine heidnische Göttertrias zurückgeführt werden.

Ihre keltischen Namen sind Ambet, Borbet und Wilbet, Ambet als jungfräulich-mütterliche Erdgöttin, Borbet als mütterliche Sonnengottheit und Wilbet als Glücksgöttin und Mondfrau. Wir begegnen ihnen immer wieder in Bayern. Hier auf dem Keltenhügel nun die christliche Kirche mit drei heiligen Jungfrauen, die einst keltische Göttinnen waren.

Passende Übung:
Eine Bergwanderung in der näheren Gegend. Nicht immer nur denken, sondern bewegen. Es denkt dann in Ihnen, und zwar richtig.

Welche neue Sichtweise lasse ich zu?
Durch das Motiv der drei Beten sehe ich die bekannte und in allen Kirchen gegenwärtige Kreuzigungsgruppe mit Jesus am Kreuz neu: das Kreuz als Kreuz-ung, als Verbindung und Ausgleich der Gewalten (ein Christ würde »Leiden« dazu sagen), und unter dieser Kreuz-Kreuzung die allbekannte Figurengruppe:
Maria, die Urmutter; dann der Lieblingsjünger Johannes (der immerzu sehr weibliche Züge hat), und schließlich die liebende Maria Magdalena.

Ausgangspunkt: Parkplätze unterhalb des Keltenhügels, der St. Margarethen trägt.
Länge: Ab dem Parkplatz nur ein kurzer Anstieg. Sie können hier in der Gegend aber wunderbare leichte Bergwanderungen durchführen.
Anstieg: Unwesentlich. Etwa hundert Meter ab dem Parkplatz. Bei ausgeweiteten Wanderungen sind natürlich mehr Höhenmeter zu überwinden.
Einkehr: So leicht zu finden wie die Kirche selbst. Das Gasthaus gegenüber der Linde bietet einen eigenartig energetischen Gegenpol zu der Kirche und der alten Linde.
Anfahrt: Autobahn A 8 München–Salzburg. Am Inntaldreieck Richtung Kiefersfelden/Kufstein. Dann nach kurzem Stück rechts ab Richtung Flintsbach und Brannenburg. Durch Flintsbach Richtung Brannenburg, hier bei der ersten Ampel links und dann die Schlangenlinie der schmalen Bergstraße hoch. Die weiß strahlende Wehrkirche St. Margarethen ist dann weithin sichtbar.

12
Neuötting am Inn

Eine Gralsschale führt in die Welt hinter der Welt

Jeder magische Ort hat ein großes Geheimnis. Und oft scheint es mir, dass Neuötting samt seiner sinnenberauschenden Lichtwirkung der okkulten, durchaus humorvollen Tatsache Rechnung trägt: Das weithin Sichtbare sieht keiner. Alle fahren nach Altötting ...
Altötting ist als Wallfahrtsort allseits bekannt, doch kaum einer kennt Neuötting, das zwei Kilometer nördlich davon liegt. Die Wurzeln der tausendjährigen Handelsstadt gehen wie die von Altötting auf eine karolingische Königspfalz mit Namen »Oeting« im 9. Jahrhundert zurück, die bei einer Invasion der Ungarn zerstört wurde. Die Siedlung, wie sie an der alten Stelle wiedererstand, wurde zu Altötting, die Siedlung, die auf einer gut zu verteidigenden Bergterrasse angelegt wurde, ist das heutige Neuötting. Die Salzhändler aus Reichenhall und Hallein luden hier ihre

Waren vom Schiff auf Wagen um, um sie weiter nach München und Regensburg zu transportieren.

Von alters her besteht eine enge spirituelle Verbindung von Neuötting zu Altötting, was nicht zuletzt das Stadtsiegel von Neuötting beweist: Dieses bereits im 13. Jahrhundert verwendete Siegel zeigt den oktagonen, den achteckigen Zentralbau der Gnadenkapelle Altöttings. Dabei ist deren Portal weit geöffnet und lässt eine sitzende Madonna mit Kind erkennen. Die damals noch originale Schwarze Madonna stellt eine Verbindung her zu den zumeist oktagonen Templerkirchen des Jakobsweges, die im nördlichen Spanien zu finden sind.

Die Kraft von Altötting, das eigentlich keltische Wurzeln hat, wirkt selbst dann, wenn Sie nur im Auto auf der Umgehungsstraße vorbeifahren: Von München bzw. Mühldorf her kommend, ragen auf weiter, überraschend unmagisch wirkender Ebene die Altöttinger Doppeltürme der Gnadenkapelle empor. Der Tempelbau mit dem bekannten Acht-Ecken-Grundriss, der bereits um ca. 700 n. Chr. entstanden sein muss, zieht an dieser Stelle die Besucher zu Millionen an. Wahrer Orts-Magnetismus mit einer Schwarzen Ma-

donna, die keine solche mehr ist, sondern eine in höchster Frequenz schwingende, hochgebetete Gnadenfigur Mariens, die eben im Laufe vieler Jahre vom Ruß der Opferkerzen nachdunkelte.
Dann die Ruhestätte des allgegenwärtigen Konrads von Parzham und für den, der's ganz gruselig will, die Herzen der Wittelsbacher in Silbertruhen – und die fragwürdige Energie unzähliger Andenkenläden.
Betrachten Sie die Gesichter der Betenden im Inneren der schwarzwandigen Gnadenkapelle: Altötting ist mächtig, aber dunkel, sehr dunkel sogar.
Ganz anders Neuötting, das keiner so zielstrebig angeht, anfährt, anpilgert wie Altötting. Doch genau dies ist der magische Weg.
Wenn Sie auf der Karte die Linie zwischen Alt- und Neuötting verlängern, finden Sie auffallend viele Frauenstätten, wie zum Beispiel Frauenchiemsee.
Neuötting mit seiner hoch erhabenen Kathedrale der Ortsmagie lädt schon von Weitem den Besucher ein. Auch der offizielle Kirchenführer rühmt diese Tatsache: »Von welcher Seite auch immer der Besucher sich der Stadt Neuötting nähert, (…) beherrscht vom mächtigen Bau der Stadt-

pfarrkirche St. Nikolaus mit dem hochaufragenden Turm.«

Weithin sichtbar und doch für viele unsichtbar – und die Wirklichkeit übertrifft noch alles.

Die dreischiffige, spätgotische Hallenkirche wurde zwischen 1410 bis 1623 erbaut. Schon beim Eintreten durch das Nordtor ganz in der Nähe des spätgotischen Turmes geraten Sie in eine solche Zauberwelt des genial geführten Himmelslichtes, dass Sie lange Momente brauchen, um mit dem Verstand dem Da-Sein zu folgen.

Warum auch immer gleich nachdenken? Nachdenken: Wie das Wort schon sagt, kommt beim Nachdenken das Denken erst »nachher«. Wichtig für Sie: Vertrauen Sie Ihrem Gefühl, Ihren Sinneseindrücken.

Kunst- und kirchenbaugeschichtlich hieße das dann: »Säulendurchblick in den von spätgotischem Geist beseelten Innenraum.«

Wenn Sie wirklich wollen, dass am Kraftort »etwas geschieht« mit Ihnen, dann ist der kultträchtige Kirchberg von Neuötting der richtige Ort für Sie: Treten Sie ein – und lassen Sie sich bestimmen. Vom Geist, von Gott, von Licht, von Erleuchtung, auch von Mutter Erde ... Erfahren Sie hier, gerade hier, was wahre Mystik ist. Mys-

tik bleibt unerklärbar und auch den größten Mystikern haben die Worte gefehlt, wenn sie solche echten Erlebnisse beschreiben wollten.
Geben Sie sich hin, seien Sie passiv, weiblich im positivsten, im aufnehmenden Sinne.
Dazu eignet sich in wunderbarer Weise das großzügig bemessene weibliche Ursymbol, die Schale, das aufnehmende Becken.
Jenes ovale Becken im Zentrum des Mittelschiffs, genau da, wo das Licht, von hoch oben her kommend, sich genau in Höhe des Schalenrandes zu bündeln und förmlich zu explodieren scheint. Nichts faszinierte mich, neben dem berauschenden Licht aus hochstürmenden Fenstern und der Jakobusfigur, die auf die geistige Verknüpfung des Jakobsweges hinweist, so sehr wie das marmorne Becken mit geheimen Zeichen und Gravuren. Dieser vollkommen zentral befindliche Taufstein findet z. B. im sonst so ausführlichen Kirchenführer keinerlei Erwähnung – was ihn noch interessanter macht. Welt hinter der Welt!
Genau die Kreuzung zwischen Nordportal und Marienaltar im Süden und der Mittellinie des Hauptschiffes ist der magische Ort dieser Gralsschale.
Und der magische Weg verläuft hier inmitten des

Sakralbaues. Gehen Sie ihn mit größter Aufmerksamkeit. Versuchen Sie ganz da zu sein, bei jedem Schritt. Ihre höchstmögliche Präsenz, die durch das Gehen entsteht, ist die Voraussetzung, dass Sie offen sind für das, was sich Ihnen hier zeigen will.

Betrachten Sie dann die Schale, die wiederum auf einem dreieckigen Sockel steht. Die Gravur besteht aus zwei ineinander verschränkten Kreuzen, wobei die Spitze des einen Kreuzes mit dem Querbalken des zweiten die Verbindung herstellt … und ein Dreieck ergibt. Mehr: Das gesamte Sigill ist einem umdachten Dreieck einbeschrieben, das sich nach unten hin zur Raute ergänzen lässt.

Dieses seltsame Maurerzeichen habe ich mehrmals auf meine Kraftortkarten übertragen: ein atemberaubendes Ergebnis. Doch sollten Sie dies selbst tun und erfahren, was Sie für Hinweise erhalten. Sie werden tief verborgene Geheimnisse lüften, die unsichtbar sichtbar in einer ewig gültigen ungeschriebenen Chronik stehen. Das Geheimnis verbindender Linien ist das Geheimnis der Macht in Bayern. Neuötting offenbart dies.

Achten Sie auch auf versteckte Runen, Zahlen,

das Doppelkreuz. Dieses Kirchenschiff ist wie ein Erkenntnisraum des verborgenen Lebensplanes. Ich habe beispielsweise meine Lebensrunen, das Doppel-F mit dem Rücken zueinander, gefunden. Finden auch Sie Ihr persönliches Lebens-Sigill.

Die Tatsache, dass Sie hier auf einem hoch energetischen Ort weilen, ist nicht weiter verwunderlich, denn Sie stehen auf einer ausgewiesenen Kultstätte des bayerischen Jakobsweges. Der Jakobsweg bedeutet für Sie ein morphogenetisches Denkfeld, in das Sie sich einloggen können. Die Zeichen, Symbole, Linien und Runen sind wie ein Passwort, das Ihnen den Zugang öffnet. Je länger Sie diese betrachten, desto mehr öffnen Sie sich für das jahrtausendealte Jakobswege-System. Seien Sie einfach möglichst offen, ohne Bewertungen für das, was da ist. Das langsame Gehen im Raum hilft Ihnen dabei.

Der sagenumrankte heilige Jakobus, dem nachgesagt wird, er sei ein Bruder von Jesus gewesen, steht links im Kirchenraum versteckt hinter dem gewaltigen Spitzbogen, der den Chorbereich öffnet. Die klassischen Kennzeichen sind alle vorhanden: Pilgermantel, Muschel, Hut mit Krempe, Wanderstab, Stiefel. Dieser Jakob hier in Neuötting trägt zusätzlich ein Buch. Das ist selten und ein deutlicher Hinweis auf etwas Verborgenes, etwas Geschriebenes. Ein Zeichen? Jakobus blickt genau zum Altar, auf jene Darstellungsform Gottes, bei der er sich selbst als geopferten Sohn, als in Liebe sich selbst erhöht habendes Gottes-Ich darbringt. Achten Sie auf die Komposition der Hände Gottes (zugleich der durchbohrten Heilands-Hände) und der Kronenspitze auf dem Haupt Gottes: wieder ein Dreieck. Genau auf der Basislinie dieses Dreiecks: der dargebrachte Kopf der Christus-Gottheit, genau vor dem Schoß des Vater-Gottes. Selten habe ich »das Kreuz« und dessen weibliche Komponente besser begreifen dürfen.

Passende Übung:
Ich gehe bewusst Schritt für Schritt und versuche, ganz offen zu sein. Ich spüre den Boden unter meinen Füßen, bin verbunden mit der Erde und auch mit dem hereinströmenden Licht.

Welche neue Sichtweise lasse ich zu?
Das mächtige Altötting kennt selten das Lachen der Schöpfung, was verwunderlich ist bei der so großen Heilungskraft dieses Ortes. Ganz an-

ders Neuötting, »weit sichtbar im Verborgenen«. Humor, Humilitas, Humus (Erde): Der Humor ist nicht oberflächlich, sondern beweist gottergebene Erdanbindung. »Den Kopf im Himmel, doch mit beiden Beinen auf festem Boden ...«

Ausgangspunkt: Der Parkplatz direkt vor dem Eingangsportal im Norden der Kirche.
Länge: Unwesentlich. Da Sie auf dem lang gezogenen Marktplatz sind, gehen Sie sinnend die Geschäftszeilen entlang. Auch das ist Erdung.
Anstieg: Keiner. Geistig umso mehr. Sie können indes durch Gartenanlagen den kleinen Berg hochgehen.
Einkehr: Direkt gegenüber der Stadtbergwirt. Mehrere klassische Wirtschaften den Marktplatz entlang.
Anfahrt: Ab München Richtung Passau die B 12 über Mühldorf bis Neuötting.

13

Die Wallfahrtskirche in Schildthurn

Ein Rundgang in lebensbejahender Energie

Die Wallfahrtskirche in Schildthurn ist nicht nur wegen des höchsten Dorfkirchturms in Bayern bekannt, sondern vor allem auch als magischer Ort. Die Erdkraft ist auf besondere Weise wahrnehmbar und so wurde hier schon vielen Frauen, die als unfruchtbar galten, ein tiefer Herzenswunsch erfüllt.

In früheren Zeiten war das sogenannte »Wiegenschutzen« Brauch. Frauen, die sich Kinder wünschten, kamen hierher, um eine große hölzerne Wiege zu bewegen. Diese musste jedoch auf Anweisung des Passauer Bischofs Heinrich von Hofstätter 1870 entfernt werden. Silberne und goldene Wiegen wurden aus Dankbarkeit von den glücklichen Eltern als Votivgaben gespendet, von denen sich noch eine bis heute erhalten hat.

Die Kirche ist dem heiligen Ägidius geweiht, ei-

nem Einsiedler und Abt, der um 700 n. Chr. in Südfrankreich gelebt hat und der als Patron der stillenden Mütter gilt. Ihm zur Seite stehen die heiligen Jungfrauen Einbeth, Wilbeth und Warbeth, die oft auch als »wilde Frauen« beschrieben werden. Einige unter den Lesern werden sie bereits kennen als die drei Beten von Leutstetten im Mühltal oder als die Drei Frauen von Dießen, von Schlehdorf oder als die sich drei-teilende Gottheit von Urschalling mit dem weiblichen Heiligen Geist in der göttlichen Mitte ...
Man könnte in diesem Zusammenhang den Brauch des »Wiegenschutzens« auch in einem ganz anderen Licht sehen: Liebe, Geburt, Weitergeben von Leben und Lebenskraft.
1076 wird Schildthurn als »sciltaren« erstmals urkundlich erwähnt und 1221 nochmals in dieser vielsagenden Schreibweise genannt. Achten Sie auf die Endung und vergleichen Sie sie mit dem Namen für das nahe gelegenen Zeilarn (arn).
»Aren« wird zumeist mit »bei den« übersetzt, in dem Fall bei den Herren von Leonberg (auch Lenberg), die um Tann und Triftern begütert waren und von denen diese von Beginn an wunderwirksame Kraftortkirche errichtet wurde auf

dem noch im Jahre 1578 so benannten »Wey Perg«, dem »heiligen Berg«. »Wey«, wir kennen es immer noch in der Bezeichnung der Weihe, bedeutet »heilig« und das Wort »heilig« schließt das Heil, die Heilung mit ein.
Und genau das ist das so Besondere beim Aufsuchen magischer Orte: Ihr persönliches Erleben am Ort geht weit über die zumeist bequem nachlesbare regionale Geschichte und Kunstgeschichte hinaus.

Wir nähern uns auf der magischen Schlangenlinie einer sich majestätisch nach oben schraubenden Straße der Kirche.
Die spirituelle Erhabenheit dieses heiligen Berges und der Zauberkirche erscheint selbst dem wissenden Kraftortfreund auf seltsame Weise unwirklich, so sehr beweist sich hier alles selbst.
Der berühmte Backsteinturm schraubt sich annähernd achtzig Meter hoch gen Himmel.
Erstaunlicherweise war nie eine einzige Wolke über dem Turm im stahlblauen Bayern-Himmel zu sehen, egal, wann ich den Ort besuchte. Deutet dies auf eine besondere Thermik?
Fünfzig Meter des Erdkraftpfählers bestehen aus Sandsteinmauerwerk, wobei der Statik wegen

das magische Achteck eine große Rolle spielt. Das für die Gegend typische spitz zulaufende Turmdach mit der Linksdrehung misst nochmals dreißig Meter. Der Linksdrall zur Spitze hin ergibt immerhin einen Viertelkreis! (Nebenbei: Bei der letzten Renovierung dieses magischen Turmes im Jahre 1999 wurde Bargeld in Form der geliebten und vorläufig verlorenen D-Mark eingemauert.)

Stellen Sie das Auto ab und genießen Sie das die Kirche umgebende Areal. Der magische Weg führt Sie auf diesen Zauberberg hinauf und dann, ganz Ihrer Intuition vertrauend, weiter im weiten Kreis um diese Kirche der Lebenskraft.

Sie werden dabei immer wieder die nähere Umgebung des Südturmes suchen und finden. Er zieht gewaltige Erdenergien nach oben und holt genauso die Kraft des Äthers von oben nach unten: eine Himmelsleiter.

Muss noch gesagt werden, dass es sich hier um deutlich spürbare linksdrehende Energien handelt? Die Architektur und die in ihr verborgene oder deutlich sichtbare Form-, Zeichen- und Symbolsprache sind ein deutlicher Hinweis.

Lernen Sie neu sehen. Schauen Sie das Eigentliche.

Sie finden den Haupteingang auf der Südseite zwischen zwei Säulen: Hier wird deutlich, dass Sie vor einem Tempel der magischen Kräfte und der kosmischen Energien stehen – nicht nur vor einer gewöhnlichen Dorfkirche.
Zwischen Tempeltor und Südturm auf der Wiese spüren Sie jenes geheimnisvolle, fast aufdringliche Kribbeln an den Fußsohlen und starke Ziehen in den Gliedern – vielleicht gar in der Seele. Erdmagnetismus?
Hier erlebt der Suchende am eigenen Körper und am eigenen Selbst gewaltige Spannungsbögen, die sich kraftvoll einen befreienden Weg nach oben suchen. Alles zieht nach oben, ein spürbares Stargate.
Doch wie immer ist auch Vorsicht geboten an Plätzen mit so starker Energie, denn Sie werden auch selbst zum Sender. Achten Sie peinlich genau auf Ihre Gedanken-Kräfte an solch einem Ort, kontrollieren Sie, was Sie denkend zulassen, denn hier verstärkt sich alles, das Gute ebenso wie das Böse.
Nun suchen Sie »Ihren« Platz, wie zumeist findet der sich wahrscheinlich eher außerhalb des Gotteshauses als innerhalb. Warum nur? An unzähligen Gebäuden zumeist sakraler Art ist mir

dies eigenartige Phänomen aufgefallen. Will der durch wissende Baumeister geschaffene Kirchenbau, der die Menschen zu bestimmten, rituell und liturgisch wichtigen Zeiten gefangen nimmt, die echte Erkenntnis des magischen Ortes verhindern? Umgehen Sie die Kirche. Ein wahrhaft magischer Weg.

An der Nordseite das gotische Blindportal ... Wie oft haben Sie schon Blindportale, zugemauerte Tore, gesehen und übersehen? Lassen Sie sich nicht ablenken vom Sichtbaren. Hier ist ein »Zugang«, allerdings nur für jene, die sich vom Ersichtlichen, nämlich der hindernden Mauer, nicht abhalten lassen. Sie können jedes Portal durchschreiten, überall auf der Welt. Tun Sie es geistig, schrankenlos – denn all die scheinbar offen stehenden Pforten der materiell errichteten Tempel dieser Welt sind zumeist geistig verschlossen.

Gehen Sie weiter und seien Sie offen. Die beste Stelle habe ich im Südosten neben der Apsis ausgemacht. Dies ist zugleich auch die höchste Stelle des Kultberges, die alte Weihe- und Kultstätte. Wieder außerhalb der Kirche ...

Achten Sie auf den niedergetretenen Rasen oder den Schnee, je nach Jahreszeit. Hier ist immer sichtbar, dass auch andere Wissende herkommen und die hier waltende magische Kraft zu würdigen wissen.

So körperlich spürbar die Energie im Außenbereich wirkt, im Inneren der Kirche herrscht eine wohltuende Neutralität der Kräfte, waltet Friede, auch viel Liebe, was mit der wunderschönen Tradition des Dreibeten-Kultes und der damit zusammenhängenden unbedingten Bejahung des Lebens und des Wiegens und Pflegens der Lebensenergie zusammenhängen wird.

Natürlich spielt in dieser Kirche Maria, die Gottesmutter, eine zentrale Rolle. Betrachten Sie sinnend an der Decke den »Maria«-Schriftzug: das M und das A als Großbuchstaben kunstvoll ineinander verflochten. So entsteht, symbolträchtig wirkungsvoll, eine Raute. Darunter, unter dem »MA«, steht »ria«. Lesen Sie Ria umgekehrt: air, also Luft, Äther ...

Der Chorraum wird durch ein den Raum beherrschendes Gitter abgetrennt. Die Energien hier sind eigenartig und durch ein nicht zu klärendes verborgenes Geheimnis schwer oder gar nicht definierbar. Der Kirchenführer gibt lediglich an, dass um das Jahr 1938 herum die Figurengruppe der heiligen Maria mit dem Kind, die Rosenkranzmadonna, ebenso die Figuren des heiligen Dominikus und der heiligen Katharina von Siena, »die vorher am Eisengitter ihren Platz hatte«, in die Mittelnische des Altars versetzt worden seien (in: Kirchen der Pfarrei Zeilarn, Passau 2000, S.18).

Ebenso eigenartig: Nicht über, sondern unter der Gottesmutter befindet sich Gottvater mit dreieckigem Heiligenschein. Drehen Sie genau an diesem Punkt um, auch gedanklich; wenden Sie den Blick und auch den geistigen Standpunkt vom Altar im Osten weg auf zwei Sonnenlöcher an der Westseite, also der Rückwand der Kirche: Von hier aus fällt das Sonnenlicht am 1. Mai um 19.20 Uhr und am 31. Mai um 20 Uhr – zu den Marienandachtszeiten – genau so, dass das Allerheiligste mit dem hellem Schein des Leben spendenden Himmelskörpers bestrahlt wird. Kosmische Zeiten und »das rechte Licht« für die Muttergottheit!

Ein bayerisches Stonehenge ...

Es empfiehlt sich als Abschluss und der guten Sicht auf das Gesamtensemble wegen die südlich der Straße liegende Wiese zu begehen und dort interessante Erdkräfte, die sowohl nach oben als auch nach unten ziehen, zu erspüren. Der magische Weg ist hier ein kosmischer, den die Sonne offenbart, zur rechten Zeit, am rechten Ort.

Passende Übung:
St. Ägidius in Schildthurn ist nicht nur ein Himmelstor, ein Stargate, sondern auch Ort des lauten und deutlichen »Ja« zur Schöpfung. So wiederhole ich, auf der Wiese im Südosten stehend, den Grundgedanken des Turms: Ich strecke mich, mache mich überlang und drehe den oberen Teil des gestreckten Körpers, also die Arme ab dem Schultergürtel bis zu den Fingerspitzen, behutsam nach links.
Und innen in der Kirche? Ich forme mit beiden Armen »die Wiege« und schaukle ein imaginäres Kind in den Schlaf. Die drei Beten werden sich freuen.

Welche neue Sichtweise lasse ich zu?
Ich finde es höchst erstaunlich, wie jung das Christentum ist, wenn ich mir all die spirituellen, erdgebundenen und himmelstrebenden, zumeist keltisch und germanisch geprägten Kräfte vergegenwärtige, denen ich, selbst als konservativ katholisch sich dünkender Bayer, ununterbrochen ausgesetzt bin.

In Schildthurn fällt das Licht zu bestimmten Zeiten auf besondere liturgische Orte: Genauso ist es mit meinem Geist. Wenn ich zur rechten Zeit das Richtige denke, dann wird der Ort im Gehirn richtig erleuchtet.

Ausgangspunkt: An der Straßenbiegung direkt vor der Südseite der Kirche. Die Stelle, an der ich von Zeilarn her »ankomme«.
Länge: Unwesentlich. Auch das Begehen der Wiese südlich der Straße ist kein Problem. Wer sich gerne bewusst pilgernd bewegt, möge den gesamten Berg hochgehen und ihn gehend erfahren. Etwa fünfundvierzig Minuten.
Anstieg: Keiner, außer Sie pilgern den gesamten Berg hoch. Sie kommen ins Schnaufen, absolvieren jedoch keine alpine Übung.
Einkehr: Ich habe nichts Besonderes entdeckt, vielleicht weil ich wusste, dass sich eine kurze Weiterfahrt nach Marktl (Papst-Power) lohnt. Ich kehre stets in Reischach ein. Die deutlich sichtbare Metzgerei-Wirtschaft neben der Straße hat das beste Milzwurst-Gericht des gesamten Kosmos. (Und das will etwas heißen, wenn Sie sich spektakuläre Forschungsberichte über die gewaltige Ausbreitung des Alls vergegenwärtigen.)
Anfahrt: Ab München Richtung Passau (B 12), durch Mühldorf, dann über Neuötting nach Reischach (rechts neben der Straße das Milzwurst-Wunder), Zeilarn, von weither sichtbar der Turm von Schildthurn.

14
Kößlarn

Der Zufall bringt die Botschaft des Unbewussten

Zufall? Kößlarn ist es wert, dem sogenannten Zufall einige Gedanken zu schenken. Kößlarn liegt eingebettet in eine reizvolle Hügellandschaft zwischen Rott und Inn. Der typisch niederbayerische Marktflecken strahlt schon von Weitem eine ganz eigene Ruhe aus, die so anziehend wirkt, dass ich, obwohl ich eigentlich ganz woanders hinwollte, plötzlich in Kößlarn war.

Und das sollte offensichtlich alles so sein, denn der Tag beschenkte mich mit dem Lachen der Schöpfung, dem Humor Gottes, die in der alten Wehrkirche zu Kößlarn erlebbar werden.

Also ein Zufall? Ich glaube nicht.

Früher war in dieser Talsenke der Grafenwald. Nach uraltem »Gesäg«, nach alter Sage also, kam dereinst im Jahre 1363 der Graf von Ortenburg mit all seinen Bediensteten hier an einer großen Wacholderstaude vorbei. (Zufall?) Des

Grafen Pferde scheuten, über den Bach beim Kössl-Hof zu setzen. Der weise Mann erkannte den Wink des Zufalls, er setzte zurück und fand ein wundersames geschnitztes Madonnenbild. »... bis anno 1364 das Kösslarner Gnadenbild under einer Cronwett stauden wunderlicher Weis gefunden«, so weiß die alte Chronik zu berichten.

Vom Kößlarner Marktplatz mit der für gekrönte Marienstatuen typischen Madonnenenergie her kommend, schritt ich durch das Burgtor der Wehrkirche, ein wahrhaft magisches Tor, das den Eintritt durch die alte, kirchumfriedende Wehrmauer freigibt: Da hörte ich unter der eingelassenen Steinbodenplatte munter und lebensfroh eine Quelle plätschern und dachte spontan: Einweihungspforte. Zufall?

C. G. Jung sagt, dass im Unbewussten Kräfte liegen, notwendige und lebenserhaltende Kräfte, die uns Menschen führen. Keiner wird an der Macht des Unbewussten zweifeln, ja, wir brauchen diesen verborgenen Faktor unserer Geistigkeit, um auch die Begrenztheit unseres Verstandes zu erfassen. Nun gibt es einen aufregenden Dialog zwischen unserem bewussten Tages-Denken und der verborgenen Kraft des Unbewussten und dieser Dialog wird sichtbar und erlebbar genau in dem, was wir »Zufall« nennen. Scheinbar »wissen wir nicht, was wir tun«? Wissen wir es wirklich nicht? Doch! Unser Unbewusstes weiß es sehr wohl, nur die Ratio weiß es nicht (weiß es nicht bewusst) und lässt uns sagen: »So ein Zufall!« Mit dieser Sichtweise wird klar, warum Sie als Kraftortfreund immer genau da ankommen, wo es für Sie richtig ist und warum der magische Weg, den Sie gehen, Sie nie zufällig irgendwohin führt.

Und so wie alle Erfahrungen des Menschen vom Unbewussten gelenkt werden, so werden auch die Ratschläge des Zufalls vom Unbewussten gelenkt. Der Zufall ist also nichts anderes als eine Quelle (!) der Selbsterkenntnis: Das, was zufällig geschieht in meinem Leben, das bin ich. Letztlich ist mein gesamtes Erleben eine Abfolge von Erlebnissen, die ich mir habe zufallen lassen. Gehen Sie nun mit dieser Erkenntnis durch Kößlarn und schauen Sie, was Ihnen an diesem Tage zufallen will.

Die tief liegende Erkenntnisquelle in der Torquelle Kößlarns wirkt innerlich transformierend, wenn Sie die sieben Stufen, die zum Tor und zur Quellabdeckung führen, emporschreiten. Sieben

Stufen … Schritt für Schritt ein Gedanke nach oben.
Betreten wir nun das Innere des alten Wehrganges, der die Wunderkirche umfriedet. In der Chronik heißt es »orth occasione«: eben das Besondere, das Magische, Heilige, Wundertätige, wie es genau hier Wirkung zeigt.
Sosehr das Innere der Kirche beeindrucken mag, mit einer fröhlichen, geradezu übermütigen Heiterkeit, die förmlich aus allen Fugen und Winkeln dringt und ein Beweis dafür sein kann, dass die Schöpfung den Humor kennt, so sehr bleibt doch das untere Torturmhaus mit der magischen Quelle viel stärker in der Erinnerung haften.
Überhaupt ist die Energie außerhalb der Kirchenmauern eigentlich interessanter. Nach dem Gang durchs Torhaus befinden wir uns innerhalb der alten Wehrmauern und sehen sehr genau die Funktion des Wehrganges mit den inneren Umläufen. Vielleicht ist es der Schutz- und Trutzcharakter und das Geborgensein der Wehrkirche, die dann im Inneren des sakralen Gebäudes die heitere Gelassenheit ermöglichen?
Außerhalb der Kirchmauern, aber noch innerhalb des Wehrganges schlängelt und windet sich um die Kirche gleichsam gezähmte Drachenener-

gie, die sich im Inneren der Kirche völlig überraschend transformiert. Gewandelt zur Liebe, zum verstehenden Humor – wenn nicht Humor pur. Wandel, Wandlung, Wandern, Wunder. Da ist St. Jakob zumeist nicht weit. Ich sprach eine am Altar mit Blumenschmuck beschäftigte Schwester an, eine Mallersdorfer Dominikanerin.

»Findet sich in dieser Kirche eine Jakobsfigur?«

»Der mit 'm Baseballschläger!«, kam es zurück. Tatsächlich, da stand er denn, der pilgernde Heilige, auf einem Seitenaltar links vom Chorraum, mit einem schweren Knüttel in der Hand.

»Muss er sich mit der Keule gegen Wegelagerer und Hunde wehren oder gegen gläubige Pilger?«, fragte ich die Schwester.

Ein Lachen war die Antwort.

Humor. Humus, Erde. Erdanbindung. Eben das Weibliche. Mutterwitz.

Ich begegnete noch dem heiligen Florian, auch Konrad von Parzham, Sebastian, Nikolaus, Valentin, Johannes, Martin, dem Drachen- und Erdkraftstecher Georg, natürlich wie immer Josef, Jesus und Maria … Engel nicht mitgezählt. Vielleicht sind dies hier »Bayerns heitere Heilige«?

Die Kirche überrascht in jeder Hinsicht. Neben

dem allgegenwärtigen Lachen der Schöpfung findet sich auf der entgegengesetzten Seite des den grandiosen Hochaltar umbauenden Altarraumes die »gotische Halle«, überkrönt von der heutigen Orgelempore. Treten Sie durch den mittleren Spitzbogen und bleiben Sie, dort im hinteren, westlichen Teil des Kirchenschiffes, alle Sinne aktivierend, stehen. Hören Sie den Dauer-Brummton? Die monumentale Schwingung dieser Gnadenstätte ist derart stark, dass Sie mit bloßen Ohren den magischen Ort erleben können. Hier schwingt alles, wirklich jeder Stein und jedes Stück Holz: Die Materie ebenso wie der Geist vibrieren wie bei einem gut gebauten Musikinstrument (eine wissend errichtete Kirche ist ein solches).

Die gotische Halle bedeutet einen Klangkörper, ein magisches »sounding board« und Sie selbst tönen mit, solange Sie hier weilen.

Halten Sie sich nicht zu lange auf mit Votivbildern hinter dem Eisengitter, mit dem hölzernen Palmesel, der Madonna, dem Fatschenkind. Lassen Sie sich nicht ablenken und achten Sie nur auf den bogenüberspannten Kraftraum, der Sie gefangen nimmt.

Ein guter Abschluss für diesen Besuch sei dann

die Kreuzwegkapelle auf dem Hügel bei Kößlarn, ein magischer Weg ins Licht und ein Muss, wenn Sie die vom Himmel nach unten gezogene Energie des magischen Ortes Kößlarn, der den Zufall als Fügung entlarvt, vollends begreifen wollen.
Fahren Sie in nordwestlicher Richtung zurück Richtung Asenham, Birnbach; bald kommt eine Straßenkreuzung mit eigentümlich forderndem Charakter. Stellen Sie hier den Wagen ab und gehen Sie zu Fuß. Gehen Sie auf die Kapelle, die Sie auf magischer Anhöhe erwartet, zu und erheben Sie sich über den Ort Kößlarn, dessen Energie Sie immer noch im Herzen tragen. Sie bekommen von dort oben aus den Überblick geschenkt.
Erst jetzt stellt sich in Ihnen das richtige Gefühl ein, ein verstehendes tiefes Empfinden für die an eine natürliche Gralsschale erinnernde Kößlarn-Senke, die den magischen Ort birgt: Kößlarn, ein betont erdiger Platz mit der typischen Madonnenenergie, ein aufnehmender Platz, der den behäbig wirkenden, fünfzig Meter hohen Kuppelturm mit sieben Geschossen aus dem Muttergrund der Erde aufsteigen lässt.
Erinnern Sie sich: Erde, Humus, Humor, Mutterwitz.
Kößlarn ist Empfänger-Ort, Sie selbst stehen jetzt

allerdings, wenn Sie die Kreuzwegkapelle erreicht haben, genau im aktiven Sender-Zentrum. Senden Sie! Stellen Sie sich in den Raum, den das gotische Portal im Westen anbietet. Sie sind genau da angekommen, wohin Sie wollten. Schicken Sie Ihre eigenen heilenden Gedanken weit in die Welt – und sogar noch weiter.

Passende Übung:
Lächeln. Mundwinkel nach oben. Verstehen. Mehr braucht's hier nicht.

Welche neue Sichtweise lasse ich zu?
»Kösslarn war vormahls nichts anderes als lauter Holtz und Gesträuch, bey welchen der einzige bis dato also genannte Kössl-Hof (...) gelegen, bis anno 1364 das Kösslarner Gnadenbild (...) der orth occasione ...«
»Der orth occasione«. Ein alter Chronik-Text lässt aufhorchen: Der Zufall? Die Fügung? Für mich gibt es keinen Zufall mehr, aber mir fällt von nun an alles zu. Und: Humor kommt von Humus, Humor erdet.

Ausgangspunkt: Torturmportal südöstlich der Mauer (Zugang vom Marktplatz her) auf der Steinplatte über der Quelle.
Länge: Im Bereich der Kirche unwesentlich. Der Spaziergang zu Fuß zur Kreuzwegkapelle eine knappe Stunde.
Anstieg: Unwesentlich, nur sanfte Hügel.
Einkehr: Mehrere gute Lokale direkt am Marktplatz und in unmittelbarer Nähe.
Anfahrt: Ab München Richtung Passau auf der B 12 bis Mühldorf, ab hier nach Neuötting (siehe in diesem Buch), dann Eggenfelden, Pfarrkirchen, Triftern, Kößlarn. Viele andere Wege möglich (ab Pfarrkirchen, Bad Birnbach, Richtung Bayerbach, Rotthalmünster, Kößlarn ...). Sie wissen ja nun: Jeder Weg ist der richtige.

15
Kellberg bei Passau

Heilquelle für die Augen

Immer wieder begegnen wir an magischen Orten den drei heiligen Jungfrauen. In Kellberg haben sie in einem Drei-Frauen-Altar ein ergreifendes, tief berührendes Abbild gefunden. Was ist es nur, jenes Mysterium, das diese zwingende Magie der drei Frauen ausmacht, hier bei Passau, ebenso in Leutstetten im Mühltal, in St. Margarethen nahe dem Innviertel – und an so vielen Orten in Bayern?

Die Pfarrkirche von Kellberg ist nicht zu übersehen, sie liegt ganz oben, genau da, wo so ziemlich jede Kraftortkirche zu finden ist. Auf dem Weg nach oben nimmt die Energie zu – auf dramatische Weise, mit jedem Schritt. Selten können Sie das so gut spüren wie hier in Kellberg, denn ganz nahe befindet sich auch der Arzberg (Erzberg), dessen Eisenadern samt der dort sprudelnden eisenhaltigen Ottilienquelle das gesamte Areal magnetisieren. Die dort herrschende Kraft hat uns schnell vereinnahmt, es ist eine gute, heilende, Augen öffnende Energie.

In dem Moment, da Sie in die Kirche eintreten, stehen Sie im Bann der drei heiligen Jungfrauen. Drei Frauen, wieder in ihren charakteristischen Farben Schwarz, Rot und Weiß symbolwirksam ausgestattet, brennen sich in Ihr Blickfeld und auch in Ihre Seele. Und erst Monate später wird Ihnen vielleicht klar, dass dieser schöne Anblick Sie nie mehr loslassen wird. Der Drei-Frauen-Altar befindet sich auf der linken Seite, an der Nordseite der Kirche also.

Die dreifache Göttin stellt einen Archetypus dar, der tief in uns angelegt ist und einen direkten Zugang nach oben gewährt. Auf wie vielen Bildern der »Nothelfer« sind die einzigen Frauen, die Beten nämlich oder heiligen Madln, ganz oben?

Links steht Katharina, sie trägt ein Schwert und hat das Rad als Beigabe. Rechts Barbara mit Turm und Gralskelch. Die Mittelbete ist hier Ottilia, sie hält eine Bibel, auf der ein Augenpaar liegt und uns beobachtet. Ottilia ist heidnischen Ursprungs und hat ihre Heimat auf dem magischen Odilienberg in den Vogesen.

Aufmerksame Beobachter werden »sehen«, dass das Buch der wissenden Ottilia geschlossen ist. Das Geheimnis der drei Frauen bleibt hier also verschlossen, offenbart sich erst nach längerer innerer Versenkung. Wenn überhaupt.
Begehen Sie nun die Kirche. Vor dem Altar ist eine Marmorplatte in den Boden eingelassen. Deren diagonale weiße Linie weist auf ein Bild links hinten im Kirchenraum, wieder an der Nordseite über dem Portal. Die vierzehn Nothelfer und rechts oben deutlich zu erkennen: die drei Beten.
Gehen Sie dann in die Leonardi-Kapelle, noch inmitten des Friedhofsgeländes gelegen, der nördlichen Turmseite diagonal gegenüber. Rot und Gold, Schwarz-Blau und Gold, Weiß und Gold. Suchen Sie: die Beten stehen vorn auf Augenhöhe in der Apsis-Rundung, diesmal jedoch nicht zusammen.
Dann sollten Sie von der Pfarrkirche den etwa einen Kilometer langen Drachenpfad zur nahen Kurklinik beschreiten. Erst hier werden Sie erfahren und erspüren, was es mit der heiligen Ottilia, die eben noch als Bete begegnet ist, auf sich hat: Die heilige Ottilie war von Geburt an blind. Der Vater wollte seine Tochter töten las-

sen, doch ihre Mutter konnte sie retten und ließ sie in ein Kloster bringen. Dort wurde sie sehend, als sie getauft wurde. Sie gründete zwei Frauenklöster und wurde nach einem aufopfernden Leben auf dem Odilienberg, südlich von Straßburg bestattet. Die nach ihr benannten Heilwasser hier in Kellberg haben schon viele Wunder bewirkt. Inmitten des magischen Gartenbereichs der Kurklinik finden Sie die Ottilienquelle, deren heilende und heilige Wasser den Brunnentrog mit rotbraunen Eisenrückständen überzogen haben.
Der Gedenktag der heiligen Ottilie ist der 13. Dezember, vielleicht ein guter Tag, um diese Heilstätte zu besuchen.

Passende Übung:
Die Beten sind immer durch ikonografische Beigaben erkenntlich: Rad, Turm, Drache, Kelch, Pfeil, Palmzweig; in Kellberg gar ein Augenpaar. Die Beten helfen mir, dass ich mich endlich so sehe, wie ich bin. Welche Beigabe würde ein um Symbole wissender Künstler mir verleihen? Das Ergebnis kann niederschmetternd sein, doch hier vor den Beten zählt die Ehrlichkeit. Beispiel: Wenn meine Beigabe das Rad von einem stolzen

Pfau sein sollte, dann versuche ich dies nachzustellen. Hart, diese Übung, aber tiefenwirksam.

Welche neue Sichtweise lasse ich zu?
Der Archetypus der drei Beten wirkt wie ein Transmitter zu Gott. Vor dem Ottilien-Altar von Kellberg kommen die richtigen Antworten, sie gesellen sich zu Ihnen, ohne großes Nachdenken, ganz von allein. Eisen und Magnetismus. Die rechten Gedanken werden angezogen.

Ausgangspunkt: Etwa auf halber Höhe des weitläufigen Kellberg-Keltenhügels befindet sich der Gästehaus-Platz mit dem neu gestalteten Ottilien-Brunnen.
Länge: Eine Entfernung von fünf Minuten Gehzeit zur Kirche. Zur nahen Kurklinik mit der Ottilien-Quelle ca. ein Kilometer. Der magische Weg lohnt.
Anstieg: Leicht, für jeden zu bewältigen. Insgesamt nur etwa hundert Meter. Das gilt sowohl für den Anstieg zur Kirche oder den sanften Abstieg zur Kurklinik.
Einkehr: Mehrere Wirtshäuser in unmittelbarer Nähe, besonders auf dem Weg zur Kurklinik.
Anfahrt: München–Passau, über Deggendorf (A 92), ab Deggendorf Richtung Passau (A 3); Ausfahrt Passau-Nord, bald über die Donaubrücke, dann immer Richtung Hauzenberg, schon ist Kellberg gut ausgeschildert. Der lang gezogene Keltenhügel winkt von Weitem sichtbar.

16

Leonhardi-Kapelle, Kloster Oberaltaich, Bogenberg

Das Zusammenspiel magischer Orte verstehen

Der Ort Bogen in Niederbayern gilt als »Wiege des bayerischen Rautenwappens«. Zeichnet man auf einer Karte eine Linie zwischen Regensburg und Passau und nimmt sie als Basislinie eines Dreiecks, weist die nach oben zeigende Spitze genau auf diese Eingangspforte zum Bayerischen Wald.

Für den Kraftortpilger ist dieses mit dem uralten Wissen von Kraftlinien geladene Areal am Fuße des magischen Bogenberges ein Muss.

Schon seit der frühen Bronzezeit war der Bogenberg, den die heute weit ins Land hineinstrahlende spätgotische Marien-Wallfahrtskirche bekrönt, eine von einem magischen Ringwall umgebene, befestigte Siedlung. Dieser magische Berg am Donauufer mit dem bezeichnenden Namen

Bogenberg präsentiert sich als klassischer Kelten-Kultort – bis heute.
Ab dem 12. Jahrhundert, also ab dem beginnenden hohen Mittelalter, wurde dieser Kraftort, der eine aufgelassene Burg getragen hatte, Stammsitz der mächtigen Grafen von Bogen.
Ludmilla von Bogen, die junge Witwe eines Bogener und böhmischen Prinzen, heiratete in zweiter Ehe Bayernherzog Ludwig den Kelheimer. Ihre drei Söhne aus erster Ehe blieben kinderlos; als sie dann starben, ging das gewaltige Erbe an Bayern – und damit auch das Wappen der Grafen von Bogen, das »Weißblaue Wecken« (Rauten).
Schon von Weitem sichtbar, beherrscht die festungsgerechte Kirche auf hohem Berge steil über dem Donaufluss das Land. Der geübte Kraftortgänger fühlt sich im wahrsten Sinne »magisch angezogen«, im Innersten jedoch auch erschreckt über so viel wissend gesetzte Macht am richtig gewählten Ort.
Zu dem weithin sendenden Bogenberg gehört auch ein mächtiges Empfänger-Areal, nämlich die Klosteranlage Oberaltaich, und ein dritter Platz: die Leonhardi-Kapelle. Sie ist wunderbar gelegen und wirkt heilend und versöhnend weit ins Land hinein. Sie gleicht die gewaltige Sender-

Empfänger-Anlage dies- und jenseits der erhabenen Donauschleife, nämlich die abstrahlende Wallfahrtskirche auf dem Bogenberg und das erdschwere Kloster unten in der Talebene, auf harmonische Weise aus.

Vom Kloster Oberaltaich her sind es, die Hauptstraße überquerend und dann immer den gegenüberliegenden lieblichen Brandl-Berg hochfahrend, nur wenige Minuten zur Pension Sandl. (Wunderbare Übernachtungsmöglichkeit mit Blick weit übers Land, mit Blick zum Kloster Oberaltaich und zum Bogenberg zugleich!)

Da ist unser Ausgangspunkt für eine kurze, Herz und Sinne hebende Wanderung bis zur Leonhardi-Kapelle. Selten, dass mich ein Wegstück so fröhlich gemacht hat ... Dieser Heilungsweg zur Kapelle bedeutet Schritt für Schritt reine Liebes-Energie.

Bald schon, nach wenigen Minuten des Wanderns, sehen Sie hinab auf die Donau, auf Kloster Oberaltaich und hinüber zum Bogenberg. Sie sehen und spüren und erleben sich selbst als Spitze des Bogener Dreiecks. Und dass Sie hier im neutralen, gebenden und heilenden Eck verweilen, das spürt und vermeldet Ihr Herz. Dieser Weg ist ein Wunderweg der seelisch-psychischen

Erleichterung, des Loslassens, der Heilung. Denn Heilung und Befreiung sind immerzu eins. Gehen Sie diesen Weg ganz bewusst, lassen Sie Belastendes los, Schritt für Schritt.
Wandern Sie empor, blicken Sie rechts hinab über das weite Tal und erreichen dann schließlich die Kapelle auf einer energetisch angenehm neutralen Wiese. Genießen Sie die innere Ruhe.
Die Ruine ganz in der Nähe – wie mir ein Anwohner verriet, die ehemalige Jagdhütte des Grafen von Bogen – ist ortsenergetisch und geomantisch fast noch interessanter als die Kapelle selbst. Doch Vorsicht! Dieser Ort mit alten Mauerresten ist besetzt und besessen ganz im Sinne klassischer Geistersagen. Solche Geschichten von »umgehenden Kräften« sind wahrer, als wir uns gemeinhin träumen lassen, und werden ja auch von der Wissenschaft z.B. mit der Theorie über morphogenetische Felder bestätigt.
Wenn Ihnen die Kraft zu stark ist, beschreiten Sie den Birkenhain links, also südlich der Kapelle. Hier ist alles gereinigt, denn Birken, diese wunderfeinen hellen, elfenseligen Zauberbäume, reinigen und verfeinern überall, wo sie wachsen.
Oder setzen Sie sich auf eine Bank an der Kapelle. Was spüren Sie?

Gehen Sie um die Kapelle herum: An der Rückseite, der dunkeln Nordseite, befinden sich fünf Totenbretter an der Wand, die man aus dem Bayerischen Wald kennt. Laden Sie sich hier ab, Totenbrett-Stellen sind fast immer von bergender, aufnehmender, enorm erdender Energie durchwoben.

Wenn Sie sich derart energetisch gestärkt haben, sollten Sie das Kloster Oberaltaich besuchen.
»Mit den gleichen Worten, die am Beginn der Ordensregel der Benediktiner stehen, sollen Sie als Besucher dieser ehemaligen Benediktinerklosterkirche und heutigen Pfarrkirche St. Peter und Paul in Oberaltaich begrüßt werden.« So beginnt der offizielle Kirchenführer. Das erste Wort dort heißt: »Schaue.« Eine deutliche Aufforderung also hinzuschauen, das rechte Sehen zu üben. Also gehen wir hin und halten die Augen offen.
Wie immer gibt der Klosterhof den richtigen Auftakt für die Schwingung und damit für die Melodie des gesamten Klosterareals. Suchen Sie dort Ihren persönlichen Platz. Dabei werden Sie erstaunt feststellen, welch unentrinnbarer Gefühlsschaukel Sie alsbald ausgesetzt sind. Aufladend, abladend, drehend, zentrierend … probie-

ren Sie es. Und dann schreiten Sie westwärts durch ein viel versprechendes Tor, wenden sich nach links und bewegen sich geradewegs auf das Hauptportal des Kirchengebäudes zu.

Dabei ist mir etwas seltsam Zwingendes widerfahren. Ich musste plötzlich, ohne zu wissen, warum, vor dem Betreten des Kirchenportals eine eher unscheinbare Tür durchschreiten. und befand mich dann in der Seelenkapelle oder Mönchsgruft.

Dort, in der Mitte des dunklen, erdmodrigen Raumes und mittig unter dem Kreuztonnengewölbe war die nach links drehende Kraft so stark, dass ich mit dem linken Fuß nachsetzen musste, um nicht das Gleichgewicht zu verlieren. Erst dann sah ich jene Stelle, an der die verstorbenen Brüder aufgebahrt werden. Sie hatte eine fast gespenstisch-magnetische Anziehung, eine eigenartige Kraft, zwischen positiv und negativ pendelnd. Vor allem jedoch weht dort ein Hauch der Unendlichkeit: der in Schwarz und Gold gehaltene Altaraufbau und die von unzähligen Tritten abgeschliffenen Bodenplatten, die sprechenden Verschluss-Steine der Wandnischen …

So plötzlich, wie ich hingekommen war, musste ich wieder nach draußen, wörtlich ins Freie, wie

immer in solchen von der Architektur gewollten Einweihungsstätten vom Dunkel zum Licht.
Betreten Sie danach die Kirche, die den Besucher in ihrer Ornamentik fast erschlägt. Am beeindruckendsten für den Energetiker erscheint mir die Portalvorhalle mit dem romanischen Taufstein der einstigen Pfarrkirche. Die Energie des Grals wabert hier, ein Anflug von Erkenntnis umspielt Sie. Jetzt erst spüren Sie, wie Sie die Mönchsgruft für den Sinn, den Übersinn, die Übersinnlichkeit geöffnet hat.
Links über dem Eingang: Die Raute. Dies ist ein Platz, um wieder mit dem Ahnengedächtnis in Kontakt zu treten. Einlogg-Energie nenne ich das. Sie können sich mühelos in Gedankenkontingente einloggen, einklinken, an Denk-Cluster »andocken«; Denk-Formen, die vor Ihnen gedacht wurden und die ebenfalls nach (!) Ihnen gedacht werden. Zeit? Spielt keine Rolle hier, denn die Zeit verläuft in diesem Dreieck von Leonhardi-Kapelle, Kloster Oberaltaich und Bogenberg anders als anderswo.
Auf einer Führung hat mir ein großer Unbekannter einmal Kopien übergeben von zwei Autoren der Dreißiger- und Vierzigerjahre, Josef Heinsch und Kurt Gerlach. Deren Arbeiten seien in Zeit-

schriften wie »Germanien« und »Hagal« veröffentlicht gewesen. In Deutschland sind die geomantisch kühnen Gedanken aus verständlichen Gründen nicht mehr opportun und vergessen; in Großbritannien blieben die beiden deutschen Autoren als Geomantie-Pioniere hoch geschätzt.
Das Wissen um magische Wege ist uralt.
Es gebe, so der zunächst deutsche, dann aus dem Englischen rückübersetzte Text, ein von der Benediktinerabtei Niederaltaich (nicht Ober-, sondern Niederaltaich) ausgehendes, ganz Böhmen strahlenförmig überspannendes Netz alter Verbindungslinien, das damals, eben in den Dreißiger- und Vierzigerjahren, wiederentdeckt worden sei.
Diese Linien verbinden wichtige geomantische Örtlichkeiten, zumeist Benediktinergründungen. Die Abstände zueinander seien zumeist das Mehrfache von elf Kilometern. Und weiter: Alle heiligen Orte und Zusammenkunftsplätze, alle Grenzen und das Straßennetz seien durch ein einheitliches (!) System geometrisch miteinander verbunden.
Mit solchen Gedanken im Kopf gehen wir nun weiter zum Bogenberg.
Wer auf dem Bogenberg steht und weit über

ebendies Land der Donauebene schaut, das nun in erhabener Ausdehnung unter dem Betrachter liegt und Autos oder Gestalten winzig erscheinen lässt, der erhält die Antwort: Ein Land wird beherrschbar, indem man es geistig beherrscht, geistig, nicht körperlich.

Und genau dies ist hier beispielhaft zu beobachten. Der Geist, der herrschende Geist, ist spürbar und sichtbar.

Der Bogenberg wird von einem 432 Meter hohen Ausläufer des Bayerischen Waldes gebildet, eine monumentale Naturkanzel, die sich mit Macht bis ans Donaugestade vorschob. Dieser Thron des geistigen Besitzes der Naturgeister und der Wissenden bietet alles, wirklich alles, was einen magischen Ort ausmacht und klassifiziert:

An der Südwestseite 118 Meter hoch steil aufsteigend, lässt der Zauberhügel von oben her einen Panorama-Blick in alle vier Himmelsrichtungen zu. Der Blick des Pilgers und Suchers schweift in den Bayerischen Wald, zieht über die fruchtbare Donauebene, den Gäuboden, bei exzellenter Föhnsicht gar bis zu den Alpen.

Sie haben hier andere Gedanken! Sie klicken sich, wieder einmal, in eine Datenautobahn ein, hier auch die Energien des Jakobsweges. Denn in den Giebel des Hauses Obere Bergstraße 18 sind drei spätgotische Gewölbekonsolen der säkularisierten St.-Jakobs-Kirche eingemauert. Gegenüber finden Sie dann das Oasiedl-Denkmal.

Der Bogenberg ist ein altes keltisches Heiligtum. Etwa 1800 bis ca. 800 v. Chr., also während der Bronze- und Urnenfelderzeit, besiedelt, ist der gesamte Bogenberg als Kultheiligtum an magischen Ringwällen bis heute auszumachen. Fahren Sie mit dem Auto hoch, die Parkplätze liegen so günstig, dass Sie die einzelnen Kultstätten gut erwandern können. Beschreiten Sie den Heiligen Weg Bayerns: An der Marien-Wallfahrtskirche vorbei, durch den Friedhof hindurch, abladende Energie aufnehmend, nach vorn, zum Licht der Sonne. Sie finden wunderbare Bänke, doch Vorsicht: So schnell wollen Sie hier nicht mehr weg. Sehen Sie die Stele mit dem gleichschenkeligen Keltenkreuz? Hier erkennen Sie überall, dass das Christentum im wahrsten Sinne des Wortes nur »aufgesetzt« ist. Alles, was hier auf Sie und andere wirkt, ist älter.

Finden Sie Ihren eigenen Weg auf dem Bogenberg. Betrachten Sie die Wuchsrichtung der Zweige an den Bäumen in der Nähe des Parkplatzes und lassen Sie sich von diesen Naturwegweisern leiten.

Andere, sorgfältig beschriebene Wegweiser führen Sie zum Ludwigsweg, zum Schimmelweg, zur Grotte, zur Oasiedlkapelle (was für ein schönes Wort für die Klause eines Einsiedlers), schließlich zu den Quellen. Erinnern Sie sich: Alles, was ein Kraftort haben muss, ist hier zu finden.

»Schon trug im Jahr Elfhundert vier
der Donau Fluth mit Gottes Segen
dein Bild, Maria, uns entgegen.
In seiner Schloßkapelle hier
hat Aswin, Bogens frommer Held,
es dir zur Ehre aufgestellt.«

So lautet die in archaische Sprache gegossene Gründungslegende des »Berges der heiligen Maria« auf einer Steintafel in der Vorhalle jener Bergkirche mit dem magischen Sechseck-Turm, die weithin materiell und vor allem geistig das Land überragt und vereinnahmt. Dies steinerne Gnadenbild soll auf dem Donaufluss gegen die Strömung dahergeschwommen sein.

Ich musste schmunzeln, als ich den Text las, denn das Oben-auf dem-Wasser-Schwimmen, noch dazu gegen die Strömungsrichtung, wurde im Mittelalter traditionell den Hexen und ihrer verborgenen Kunst, die Materie (schwarz)magisch zu überwinden, zugeschrieben. Gar manche wissende Frau musste deshalb bei der Hexenprobe ihr Leben lassen, denn ging sie unter und war tot, war sie keine Hexe gewesen, schwamm sie jedoch oben, war sie eine und wurde verbrannt. Jeder, der den Blick hinter die sichtbare Wirklichkeit nicht scheut, wundert sich keinesfalls. Dies hier ist uraltes keltisches Ahnenareal und Hoheitsgebiet der »Schwarzen Madonna«, die auf Kelten- oder Templerstätten eine eher gnostische Version des wunderbaren Vereinigungsthemas Geist, Frau, Macht darstellt. Hier findet sich allerdings eine hochschwangere Madonna, das Gnadenbild »Maria in der Hoffnung«.

»... bayde Arm seynd in den Mantl eingeschlagen, bayde Händ aber, wie der
Schwangeren Frowen ihr Brauch,
legen ob den schwangeren Leib ...«

Muss noch erwähnt werden, wofür dieser Wunderort gut ist und wer hierherkommt?

Passende Übung:
Natürlich eine Dreiecksübung. Formen Sie mit dem Körper ein Dreieck: Beine spreitzen, Arme anwinkeln u. ä. Dem Körper folgt der Geist und der Geist inspiriert den Körper.

Welche neue Sichtweise lasse ich zu?
Die alten heiligen Orte und Zusammenkunftsplätze, ebenso die Grenzen und das Straßennetz waren geometrisch mit einem einheitlichen System verbunden: Sie waren und sind, modern ausgedrückt, verlinkt, bleiben geistig verwoben und energetisch aneinandergekoppelt.

Ausgangspunkt: Klosterhof von Oberaltaich, bei der Sonnenuhr.
Anstieg: Von der Pension Sandl zur Leonhardi-Kapelle etwa zwanzig Minuten. Vom Kloster hin zum Bogenberg und zu Fuß bis oben etwa eineinhalb Stunden (bequem). Etwa 400 Meter Höhenunterschied. Man kann auch mit dem Auto von hinten herum den Berg erobern.
Einkehr: Gleich beim Kloster zu finden: »Historisches Klosterwirtshaus Oberaltaich«. Das älteste Wirtshaus in Niederbayern!
Anfahrt: Ab München Autobahn A 92 Richtung Deggendorf. Beim Autobahnkreuz Deggendorf A 3 Richtung Regensburg/Nürnberg; Ausfahrt Bogen.

17
Wallfahrtskirche Neukirchen und St.-Anna-Kapelle

Orte des Heilens

Eine der bedeutendsten bayerischen Marien-Wallfahrten ist die Wallfahrt zur Madonna von Neukirchen beim Heiligen Blut: Für Wunder-Sucher ein Eldorado, doch ist das Wunder auch ortsgebunden. Deshalb möchte ich immer wieder betonen: Gehen Sie zu den Orten, wandeln Sie auf den Wegen, um Wandlung zu erfahren.
Die Legende des Ortes reicht in das 15. Jahrhundert zurück. Eine fromme Bauersfrau soll das Gnadenbild vor den Hussiten gerettet und vom böhmischen Loucim nach Neukirchen gebracht haben. Dort soll ein Hussit die Marienfigur entdeckt und sie wutentbrannt dreimal in den Brunnen geworfen haben. Dreimal deshalb, weil sie immer wieder dorthin zurückkehrte, wo er sie mit Gewalt entfernt hatte.
Der Brunnen befindet sich heute noch unterhalb

der Kirche. Wenn Sie feinfühlig sind, spüren Sie, dass Sie auf Wasseradern stehen.
Da die Marienfigur dreimal an ihren angestammten Platz (magischen Ort) zurückkehrte, ergriff den Ketzer blindwütiger Zorn: Er spaltete den Kopf der Muttergottes mit seinem Hussitensäbel – daher die dort allgegenwärtige Darstellung der Maria mit dem Säbel im Hut. Dann rann Blut aus der Holzfigur. Das Wunder und der Wunderglaube, auch die Vermarktung, fanden hier, im Jahre des Herrn 1450, ihren Ursprung.
Wer hinter das Vordergründige blicken will: Maria, Göttin, Kraft der Frau.
Der Ort ist extrem abladend. Alles zieht nach unten, zur Erde hin. Sie sollten sich jedoch nicht von der oft mitleiderregenden Hingabe der heilsuchenden Menschen ablenken lassen. Der Ort ist vom Ursprung her unglaublich stark und zentrierend und der Altar befindet sich auf einer uralten Quelle, wie mir ein Franziskanerpater erklärte.
Auch die überall dargestellten Madonnen mit dem Hussitenschwert im Kopf schafft nicht unbedingt positive Energien, doch was heilt, hat Recht – alte Heiler-Weisheit.

Deshalb spüren Sie selbst, was der Ort mit Ihnen macht. Nutzen Sie die Energie des Wunderplatzes für Ihre eigene Heilung.

Gehen Sie dann nach draußen. Schon auf dem Friedhof von Heilig Blut fällt angenehm auf, dass der magische Hauptpunkt bei dem Brunnen mit der Statue des heiligen Michael sein muss. Hier ist die Energie ganz anders: Lebenskraft, Einloggen in uraltes Wissen, ganz im Sinne der Keltenkulte, das bekannte und aufladende Pfählen der immerzu gebenden, erquickenden Urmutter Erde. Hier pfählt dieser geflügelte Erzengel Michael den Drachen, die Erdkraft. Er sticht Mutter Erde in die Halsschlagader, mitten in den pulsierenden Lebensstrom. Was für ein Symbol!
Sehen Sie den Deckel zum Brunnhaus neben dem steinernen Wassertrog? Von dieser Drachenstichstelle des Friedhofsbrunnens aus können Sie durch das Tor in der Friedhofsmauer hinaussehen und entdecken auf leichter Anhöhe eine wahrhaft lockende Kapelle: die St.-Anna-Kapelle »Auf Heiligem Brunn«.
Diese Blickrichtung vom Michaelsbrunnen im Friedhof zur St.-Anna-Kapelle ist identisch mit der hier mächtig verlaufenden Drachenlinie, die

wiederum ganz genau einer Wasserader von der Kapelle zu diesem Friedhofsbrunnen folgt: also nichts wie hin. Noch dazu hat der wissende Franziskanerpater, der am Eingang der Wunderkirche stand, die achteckige Kapelle dort oben als Geheimtipp empfohlen und einen Jakobus soll sie auch enthalten.

Der Weg bergan ist nicht beschwerlich, spirituell jedoch gebend und aufladend. Sie folgen einem Kreuzweg mit schönen alten Steinstelen, in die die Situationen des Leidens Christi in farbigen Bildern eingelassen sind. Und trotz der düsteren Thematik gewinnen Sie hier Lebenskraft. Das ist nicht immer so bei Kreuzwegen.

Vor dem Eingang zur Kapelle, der leider immer verschlossen bleibt, nimmt Sie der Ort augenblicklich gefangen: Sie stehen, staunend, schwebend. Auf dem Boden befindet sich die eiserne Bedeckung der offenen Quelle und links vom Eingang an der Außenseite der Kapelle ein alter eherner Pumpbrunnen. Betätigen Sie den Pumpschwengel und bald strömt heilendes, lebendiges Wunderwasser in Ihre aufnahmebereiten Handflächen.

Rechts vom Eingang ist das Schild: »St.-Anna-Kapelle. Auf dem Hl. Brunn. Erbaut um 1700.

Achteckiger Bau« angebracht. An der Außenwand der Kapelle wirkt ein ins Herz treffendes Bildnis, das eine heilige Frauengestalt zeigt mit zwei göttlichen Wesen links und rechts auf den Armen ... Christus ... und?
Dargestellt ist Anna, nicht Maria. Wer also sind die beiden anderen Wesen? Dennoch: Beide Kinder werden in der Art gehalten, die man von Marien-Jesus-Darstellungen kennt. Anna trägt die dreizackige Krone, die wir von den drei Beten aus Leutstetten und anderen Dreibeten-Orten kennen. Ebenso hat jedes der Kinder auf dem Kopf die Dreierkrone.
Der Bereich der Kopfaura aller dreier Lichtwesen wird von einer einzigen, dennoch dreieinigen Gloriole umkrönt, die an das gotische Dreipassmotiv erinnert – die drei Beten?
Setzen Sie sich nun auf die herrlich positionierte Bank vor dem Kapellchen und dem Pumpbrunnen unter die uralte Linde und betrachten Sie, dem bayerischen Himmel längst einverleibt, die extrem rechtsdrehende Kastanie vor Ihnen: Auch ein Platz des Heilens.

Passende Übung:
Ich pumpe Wasser beim Pumpbrunnen. Die dazu notwendige und sinnvolle Bewegung ritualisiert das Pulsieren allen Lebens – und fördert Leben, hier in Form des heiligen Quellwassers.

Welche neue Sichtweise lasse ich zu?
Leben! Ich habe mich längst für den lebendigen Gott entschieden. Und für eine Religionsform, die Leben ist, nicht Tod und Marter, die eine Beziehung von meinem Leben zurück zu den Ahnen und vorwärts zu den kommenden Generationen sucht.

Ausgangspunkt: Parkplatz im Norden der Wallfahrtskirche Hl. Blut. Von hier in den Friedhof, an der Westseite findet sich schnell der Michaelsbrunnen und das Tor zur Dreibeten-Kapelle.
Länge: Ungefähr 500 Meter.
Anstieg: Eine leichte Anhöhe, ca. 300 Meter. Der Kreuzweg ist auch von ungeübten Pilgern leicht zu schaffen.
Einkehr: Mehrere Lokale in dem bekannten Wallfahrtsort. Ich empfehle in dieser Gegend eine Fahrt aufs Geratewohl – und dann die urige Einkehr nach Bauchgefühl. Im Bayerischen Wald wartet immer eine positive Überraschung des bodenständigen Ess-Himmels auf Sie.
Anfahrt: Von München Autobahn A 92 nach Landshut, Deggendorf, Regen, Viechtach, Lam, Neukirchen.

18
Furth im Wald

Zeitschleuse in die Vergangenheit

Furth im Wald ist die Stadt lebendiger Drachenenergie. Seit über fünfhundert Jahren wälzt sich ein Drache, Feuer speiend und mit aufgerissenem Maul, durch die Stadt. Dramatischer Höhepunkt des historischen Festspiels ist der Lanzenstich, mit dem die gefährliche Bestie getötet wird. Das Drachenspektakel ist zugleich ein Ritterspiel, bei dem mythologische und religiöse Ursprünge ebenso berücksichtigt werden wie das Leben der einfachen Leute. Die Kostüme sind originalgetreu nachempfunden, als Besucher findet man sich zwischen Trosswagen, Kaleschen, Kanonen wieder, mittelalterliche Musik erfüllt die Luft: das spannende Spektakel wirkt so wie eine Zeitschleuse in eine andere Wirklichkeit.

Der monumentale Drache symbolisiert wie immer das Böse, das Gefährliche, das zu Besiegende. Doch als Besucher von Kraftorten haben wir

gelernt, die Welt hinter der Welt zu sehen. Wir kennen die bewahrende Energie des Drachen, der Erde also, der Erdkräfte. Wir wissen auch um die Kraft des Weiblichen, Bewahrenden, Aufnehmenden, von der Kraft, stets Neues hervorzubringen. Es entsteht automatisch der gebotene Respekt vor der Natur und ihren Kräften; es wächst ein verstehendes Miterleben des ewigen Zyklus von Werden und Vergehen, von Zeugung, Geburt, Wachsen und Transformation des ewig gleichen, sich stets wandelnden Lebens und seiner unendlich faszinierenden, berauschend schönen Sehnsucht nach sich selbst.
Wo ist dann das Böse? Wohl im Nichtverstehen und Nicht-verstehen-Wollen der gottgegebenen Natur. Und im Missachten von deren wunderbaren Ordnungsprinzipien.
All dies begegnet uns in Furth im Wald. Schon der Name besagt, dass wir auf dem richtigen Weg sind, dass wir die Furth, die heilige Stelle des gefahrlosen Überschreitens, gefunden haben. Die Siedlung »Vurte« befand sich an einer Furt, durch die der Völkerweg entlang der Chamauen führte.
Wir sind auf der Hauptstraße, von Waldmünchen her kommend, in Furth im Wald angelangt.

Die Straße schlängelt sich eckenumwindend durch den bayerwaldtypischen Ort und wer Zeichen verstehen will, darf dies Schlängeln schon mit der Schlangen- und Drachenenergie in Verbindung bringen. Die allerdings wird uns sogleich vollends vereinnahmen.
Denn dann, urplötzlich, ist alles da, was diesen energetischen Knotenpunkt so wirkmächtig sein lässt: Wir überqueren fließendes Wasser, einen reinen erddunklen Fluss mit übergroßen Forellen, die im kühlen Schattenwasser der Brücke lauernd schwänzeln. Die Straße windet sich sogleich nach links und dann nach rechts und direkt danach baut sich, auf erkennbar keltischem Hügel, die westliche Kirchenfront von Mariä Himmelfahrt auf. In Augenhöhe aber, auf der anderen Seite der Straße und rechts neben der Krypta, in einer Rundnische der westlichen Kirchenfront: der eherne Drachenstich.
Diesmal geht der Stich ins geöffnete Maul des archetypischen Urtieres; der Held tötet den Drachen, obwohl der doch die ihn tragende Energieform darstellt. Am Schwanzende des Drachen wartet die Frau – auf Rettung?
Wer weiß denn schon, dass Drachenenergie urweiblich ist? Die Erde schützt, der Drache

schützt. Er, der Erdwurm, schützt kurioserweise immer die Frau (allgemeine Leseart: er bedroht sie), jene Frau, die dann der Ritter »rettet«, indem er ihren uralten Schutzgeist totsticht. Kurios, nicht wahr?

Um zur Kirche zu gelangen, müssen Sie die sich gabelnde Straße überqueren. Dann geht der Weg über Freitreppen hoch hinauf, himmelwärts, an den Kirchenwänden entlang. Die Energien wechseln ständig. Achten Sie darauf, was mit Ihnen passiert.

Sie können dann das Portal an der Südseite wählen oder das Hauptportal an der Westseite.

Sind sie erst im Inneren des Gotteshauses, umfängt Sie ein überraschend lichter und heller Raum. Bemerkenswert die Lourdes-Madonna, das Abbild der heilenden Frau, rechts neben dem Altar. Auch der mit einem energetisch hochbrisanten Bergkristall aufgeladene Taufstein besticht durch enorme Ab-Strahlung.

Diese Kirche liegt nicht nur »oben«, es zieht auch sonst alles nach oben. Trotz der durch das Drachenmotiv vermuteten Erdung. Ein Stargate! Eine Himmelfahrt! Die Himmelfahrt der göttlichen Erdenfrau.

Stellen Sie sich auf die Mittellinie der Kirche,

also zwischen Westportal und Altarapsis, die Energie dort ist angenehm neutral. Sie fühlen sich zentriert und geborgen. Oder wandeln Sie und fühlen das Wechselbad der Energien zu beiden Seiten der Mitte.
In einer alten Schrift des Paters Frumentius ist jenes wundersame Geheimnis erklärt, dass Kirchenböden solch alter und wissender Orte ein stetes Wechselspiel von Plus und Minus ergeben, in Form eines unsichtbaren Schachbrettmusters. Im wahrsten Sinne spannungsgeladen.
Spannung wirkt. Spannung »spannt an«, jeder Anspannung folgt Entspannung. Lassen Sie hier im Sakralraum oder auch auf einer der Bänke draußen bei den Kirchenumläufen den Ort und dessen Umgebung auf sich wirken: den Fluss Chamb, keltisch schon vom Namen her, wie Kempten, Cham, Cambridge. Steinbeile weisen hier auf Siedlungen der Jungsteinzeit 4500 vor Christus. 1086 wurde Furth erstmals in kaiserlicher Urkunde Heinrichs IV. erwähnt, der legendäre Drachenstich tauchte bereits 1590 auf – Kelten, Drachen, Erdenergie. Die Vergangenheit wird in der Gegenwart sichtbar, ihr wird gehuldigt, sie wird mit Festspielen lebendig gehalten. Der Drache, der als das Böse gilt und gleichzeitig

die lebenserhaltende Erdenergie symbolisiert, zeigt, dass alle Polaritäten aufgehoben werden. Es gibt kein Gut ohne ein Böse und umgekehrt. Alles ist in allem enthalten.

Passende Übung:
Ich schließe die Augen und stelle mir die Frage, welche Ereignisse der Vergangenheit mein gegenwärtiges Leben geprägt haben. Wie huldige ich der Vergangenheit? Welche Polaritäten wollen sich in mir auflösen?

Welche neue Sichtweise lasse ich zu?
Anderes sehen! Das ist der Sinn all der bekannten Pilgerpfade: Wer geht, muss schauen – wo er hintritt; wer jedoch die Lebensbühne betritt, für den ändern sich die Bilder der Welt. Weil sich der Standpunkt ändert. Erst körperlich, dann geistig-seelisch.
Welt hinter der Welt! Hinter dem Sichtbaren (Drachen, Kirche, Fluss, Tradition) steckt eine Wirklichkeit des Seins in seiner göttlichen Urform.

Ausgangspunkt: Brücke unterhalb der westlichen Portalseite von Mariä Himmelfahrt. An der Kirche selbst können Sie nicht parken, da der das Gotteshaus tragende Keltenhügel von Straßen umgeben ist. Parkmöglichkeit vor der beschriebenen Brücke im Westen der Kirche (von Waldmünchen her kommend) rechts in der Nähe mehrerer uriger Wirtshäuser.
Länge: etwa 500 Meter, mit Umrundungen und Begehen der seitlichen Aufgänge und Umläufe.
Anstieg: etwa hundert Meter.
Einkehr: Bei den beschriebenen Parkplätzen in Brückennähe. Furth scheint überhaupt ein Gasthaus-Eldorado zu sein.
Anfahrt: München Autobahn A 92 nach Landshut – Deggendorf – Regen – Viechtach – Lam. Dann über Neukirchen (siehe da) und Eschlkam (siehe da) nach Furth im Wald.

19

Eschlkam im Bayerischen Wald

Die Energie des Herzens kultivieren

Eschlkam im Oberpfälzer Landkreis Cham (beachte das Wort Eschl-kam!) ist der Ausgangspunkt des ostbayerischen Jakobsweges, der als Pilgerweg bis nach Santiago de Compostela in Spanien führt.

Die Pfarrkirche St. Jakobus von Eschlkam fällt schon von Weitem auf, ragt doch ihr spitzer Turm als spiritueller Sendemast, den keltisch-magischen Hügel gekonnt pfählend, weithin ins Land. Deshalb ist die Magie des Ortes nicht nur geistig, sondern ebenso körperlich spürbar, eben schon, wenn Sie sich diesem aufgeladenen Keltenhügel und dem ihn umgebenden Areal nähern: Da baut sich eine unbenennbare Erwartungsspannung des Körpers und der Seele auf. »Es« drängt nach Erfüllung der Sehnsucht.

In Eschlkam angekommen, können Sie Ihr Auto

am Parkplatz für Kirchenbesucher abstellen. Steigen Sie die Stufen zum Friedhof hoch, treten Sie durch ein schmiedeeisernes Tor, schreiten Sie durch das abladende, reinigende Gebiet des Ewigen: durch den Totengarten, der überall zur Einweihung gehört, durchmessen Sie das Dunkel, durch das Ihr persönlicher Weg zwangsläufig dem Licht entgegengeht. Hier spüren Sie das uralte Wechselspiel der Energien, das jede gut und wissend angelegte Kirche zu bieten hat.
Treten Sie ein in das so besondere Gotteshaus. Spüren Sie die Wirkung des Innenraumes? Sofort »reißt es einen mit« ... Denn an diesem Ort ist die Jakobsenergie, die Kraft des jahrtausendealten Pilgerpfades, wahrnehmbar, die Kraft des Ortes, die durch die Gebete, durch die besten Wünsche und Gedanken der Pilger an diesem Ort noch verstärkt wird.
Ich kenne keine andere Jakobskirche mit drei (!) ausgewiesenen Bildnissen des berühmten und legendenumrankten Seelenpilgers Jakobus. Blicken Sie zum Hochaltar: Da steht er, zentral im Fokus aller Blicke, eine klassische Christus-Pose einnehmend – soll er hier gar den Gottessohn ersetzen? Seine Hand weist auf seine Brust, so als wolle er ein Wundmal zeigen. Weist er auf eine

Wunde? Vielleicht die Wunde in unserer Seele? Oder erinnert er uns mit dieser Geste an das wahre Sehen, das Schauen mit dem Herzen?
Schauen, Sehen, Erkennen: Lassen Sie nun den Blick rechts am Hochaltar vorbeischweifen. Deutlich sichtbar, diesmal als kunstvolles Glasfenster in der beginnenden Apsis erscheint lichtdurchdrungen, Jakobus zum zweiten Mal, mit allem, was zu ihm an Symbolik gehört.
Und dann, als kunstgeschichtliches Kleinod, links vor dem Chorraum, der heilige Jakobus als Pilger. Eine liebevoll bemalte Holzfigur grüßt Sie auf einer Stele, mit Mantel, Umhang, Pilgerstab, Trinkflasche, Hut mit Krempe, Muscheln, festen Stiefeln.
Lassen Sie Jakobus auf sich wirken. Lassen Sie zu, dass er diesmal mitten in ihr Herz hineinpilgert, denn genau dorthin führt der Jakobsweg tatsächlich: ins Herz. In die Seele. In das Empfinden.
Finden Sie die mehrfachen Lebensbäume an der Decke des Gotteshauses, die keltischen Muster an den Umläufen, die zeigen, dass wir uns an einem alten keltischen Kultort befinden.
Fühlen Sie sich hier selbst wie ein Pilger. Was gibt es in Ihrem Leben zu verändern, zu heilen?

Welche Verletzungen suchen nach Vergebung? Von hier aus sind es 2825 Kilometer bis Santiago de Compostela. Den Pilgern war kein Weg zu weit und zu beschwerlich, um in ihrem Leben tief etwas zu verändern, um Dankbarkeit auszudrücken oder um die Erfüllung von Herzenswünschen zu bitten. Sie sind an einem Ort, an dem sehr viele dieser Menschen waren, loggen Sie sich ein in diese Energie und geben Sie Ihrem Leben eine neue Richtung, eine Herzensrichtung.

Passende Übung:
Stellen Sie sich einfach in die Nähe des hölzernen Jakobus auf der Stele, links vor dem Chorraum. Tun Sie nichts, denken Sie nichts, lassen Sie zu, was geschieht.

Welche neue Sichtweise lasse ich zu?
Bei dreifacher Jakobsenergie kommen die besten Gedanken sowieso »von oben«: Ich lasse das Zulassen zu. Zulassen-Können, das bedeutet immer, einen geistigen Wunder-Weg zu beschreiten! Und vielleicht muss ich bei diesem Weg zum Wunder hin auch loslassen. Was Sie auch finden werden: Der liebe Gott ist ganz nahe.

Ausgangspunkt: Irgendwo im Ort Eschlkam. Für Formalisten: »Parkplatz für Kirchenbesucher« ausgeschildert.
Länge: Von der Parkmöglichkeit bis zur Kirche ca. vierhundert Meter.
Anstieg: Etwa zweihundert Meter, Stufen.
Einkehr: Ebenso wie bei Neukirchen/Hl. Blut empfohlen: »Irgendwo! Im Bayerischen Wald wartet immer eine positive Überraschung des bodenständigen Ess-Himmels auf Sie ...«
Anfahrt: München Autobahn A 92 nach Landshut – Deggendorf – Regen – Viechtach – Lam – Neukirchen. (siehe da). Ab hier nur noch ca. zehn Kilometer nördlich (Richtung Furth im Wald) bis Eschlkam.

Coburg
Aschaffen-
burg
Main
Würzburg
Main
Bamberg
Steigerwald
B
Regnitz
Erlang
a
Nürnberg
Main-Donau
Schwabach
Ansbach
N
0
50 km
Nördlingen
Donau
Dillingen
Lech
Augsburg
Neu-Ulm
Wertach
Fürstenfeld-
bruck
Ammer-
see
3
Memmingen
Kaufbeuren
5
Weilheim
Schongau
4
2
Kempten
Wigratzbad
1
Forggen-
see
Lech
Lindau
Garmisch-
Partenkirchen
Oberstdorf
2593
Hochvogel
2963
Zugspitze